ANNA LEWANDOWSK

ZDROWE GOTOWANIE

by Ann

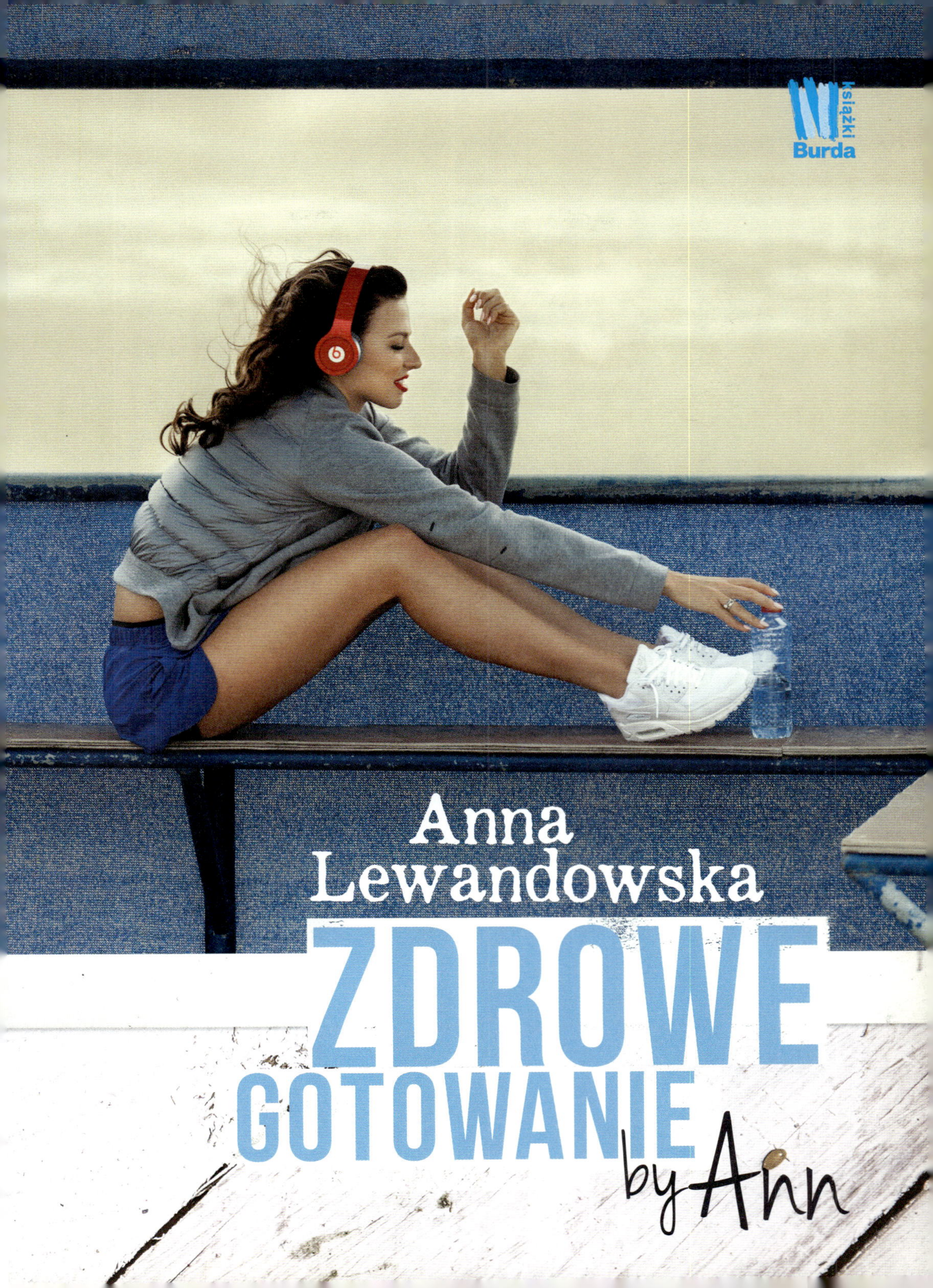
Książki Burda
Anna Lewandowska
ZDROWE
GOTOWANIE
by Ann

DROGI CZYTELNIKU!

Książka, którą oddaję w Twoje ręce, to zestaw przepisów kulinarnych. Opracowałam je, kierując się zasadami zdrowego żywienia. Chcę udowodnić, że prawidłowa dieta może dostarczyć Ci wielu smaków, kolorów i aromatów, że nie jest nudna! Traktuj te przepisy dosłownie lub jako inspirację do własnych eksperymentów. Wiem po sobie, że kuchnia może być miejscem dobrej zabawy, także wtedy gdy jakiś pomysł okazuje się porażką.

Nie byłabym sobą, gdybym przy okazji nie dołączyła paru akapitów motywacyjnych. A ponieważ jest to książka kucharska, to skupię się tylko na żywieniu. Natomiast cały zestaw informacji o zdrowym trybie życia, jego wprowadzaniu i zasadach znajdziesz w mojej poprzedniej książce: „Żyj zdrowo i aktywnie".

CEL

DLACZEGO INTERESUJE CIĘ WIEDZA O ZDROWYM ODŻYWIANIU? CZEMU CHCESZ JEŚĆ ŚWIADOMIE? ODPOWIEDZ SOBIE UCZCIWIE NA TE PYTANIA.

Sądzę, że bardzo wiele osób, zwłaszcza młodych, powie, że chce poprawić swój wygląd. Nic w tym złego, każdy powód jest dobry, by zacząć odżywiać się prawidłowo. Jeśli jednak wymarzona sylwetka będzie Twoją jedyną motywacją do trzymania się zdrowych zasad, to łatwo znajdziesz się na manowcach.

Dążenie do bycia szczupłym jest oczywiście chwalebne. Duża nadwaga (podkreślam: duża!) jest niezdrowa i może prowadzić do otyłości, czyli stanu chorobowego, z którego trudno powrócić do zdrowia. Oznacza problemy z krążeniem, groźbę nabawienia się cukrzycy, chorób stawów, złe samopoczucie. Warto więc powalczyć o siebie i mądrze schudnąć.

Ale gdy postanowienie: „zrzucę nadwagę" to Twój jedyny cel, jest duże prawdopodobieństwo, że po dotarciu do niego spoczniesz na laurach. Tak robi wiele osób. Już nie muszą się „męczyć". Często też okazuje się, że problemy, które miały się same rozwiązać „gdy już będę chuda", nadal istnieją. Rodzi się więc frustracja i podświadoma chęć powrotu do tego, co znane, czyli do objadania się. I efekt jo-jo gotowy!

Ukierunkowanie się tylko na wygląd grozi też zatraceniem się w dążeniu do odrealnionej doskonałości. Młodzi ludzie (ale i coraz więcej dorosłych) marzą o sylwetce ulubionego trenera, aktorki, czasem kogoś spośród znajomych. Nie biorą jednak pod uwagę, że na przykład zawodowy sportowiec poświęca na aktywność fizyczną kilka godzin dziennie, że odżywia się w szczególny sposób, że to jego profesja, której podporządkował swoją codzienność.

Groźna, zwłaszcza dla dziewcząt, jest również chęć pozbycia się tkanki tłuszczowej, najlepiej całej. Tymczasem ta tkanka nie powstała po to, by zatruwać nam życie. Ona jest nam do życia bardzo potrzebna. Kobiety, u których zawartość tkanki tłuszczowej wynosi poniżej 15%, często mają poważne zaburzenia hormonalne, a nawet przestają miesiączkować. Zazdrościsz Basi, że nie tyje i ma chude nogi? Wyobraź sobie, że Basia pewnie z tęsknotą patrzy na Twoje kobiece biodra i kształtne łydki. I marzy o biuście, jaki ma Zosia. A Zosia katuje się bezskutecznie na siłowni, bo zamarzył się jej sześciopak, jak u ulubionej trenerki.

A CO BĘDZIE CIĘ MOTYWOWAĆ, GDY JUŻ OSIĄGNIESZ SWOJĄ WYMARZONĄ WAGĘ?

Najmądrzej ustawić sobie w głowie kierunek: ZDROWIE!... i to już w momencie przechodzenia na zdrowe odżywianie. Wówczas stosowanie prawidłowej diety nie będzie dla Ciebie męczarnią, ciągłym myśleniem: „aby tylko przetrwać do schudnięcia", tylko stanie się naturalnym elementem Twojego życia.

Dodam jeszcze to, co na swoim blogu sygnalizowałam wiele razy:

Jesteśmy różni i to jest piękne!

ZAUFAJ SOBIE!

Nie ma jednej diety odpowiedniej dla wszystkich. Różnią nas bowiem płeć, geny, typ metaboliczny, tryb życia i pracy, doświadczenia, skłonności... Jesteśmy różni i dobra dla każdego z nas dieta też musi być różna! Powiem więcej: nawet opracowana na indywidualne zamówienie może nie być odpowiednia przez miesiące czy lata. Bo cały czas się zmieniamy, a wraz z tym zmieniają się też potrzeby naszego organizmu. Inne ma nastolatek, inne osoba w wieku średnim, a inne człowiek w sile wieku. Nawet wśród równolatków zapotrzebowanie na poszczególne składniki odżywcze jest zróżnicowane.

Oczywiście, są podstawowe zasady, zwłaszcza dotyczące unikania szkodliwych produktów, które powinni wziąć sobie do serca wszyscy. Ale należy traktować je jako bazę i szukać indywidualnych rozwiązań. Do tego jednak potrzebna jest wiedza. Warto więc sięgnąć do różnych opracowań i poczytać przede wszystkim o tym, jak dokładnie funkcjonuje ta wyjątkowa maszyna, którą jest ludzki organizm. Wiele osób potrafi precyzyjnie wyjaśnić, jak działają podzespoły w samochodzie, a niewiele wie o pracy najważniejszego dla nich mechanizmu, uważając tę wiedzę za nużącą. Jak więc mogą zadbać o coś, czego nie znają? A przecież układ trawienny, ba! samo jelito – to fascynujące zjawisko. Trzeba też wiedzieć, jaki skład powinno mieć dobre paliwo, które dostarczamy własnemu organizmowi. Poznać poszczególne grupy makroskładników i sposób ich wykorzystania w procesach życiowych, ważne są też oczywiście wszystkie mikroelementy, w tym witaminy. Trzeba wiedzieć, co oznaczają takie terminy jak indeks glikemiczny, ładunek glikemiczny, gęstość odżywcza, kaloryczność. Wszystkie te informacje znajdziecie w mojej pierwszej książce „Żyj zdrowo i aktywnie".

Przestrzegam tylko przed jednym: rzucaniem się na wszelkie nowinki dietetyczne. Restrykcyjne przestrzeganie co i rusz pojawiających się zakazów i nakazów dotyczących odżywiania wywołuje na ogół jedynie frustrację, zwłaszcza że często są one niespójne, zaprzeczają sobie wzajemnie. Do zguby, a nie do zdrowia, prowadzi też obsesyjne liczenie kalorii każdego posiłku, ustalanie, ile węglowodanów zawiera pomidor, codzienne sprawdzanie wagi i obwodu ciała.

Kiedy zaczynasz prowadzić zdrowy styl życia, możesz czuć się nieco zdenerwowany. To naturalne! U niektórych już sama rezygnacja ze sklepowych słodyczy, kolorowych napojów i gotowych dań pełnych glutaminianu daje objawy odstawienia. Z warzyw jadłeś dotychczas tylko frytki i pomidory, a teraz dowiadujesz się, że warzywa mają stanowić co najmniej 70 procent Twojego jadłospisu. „O zgrozo!", myślisz z przerażeniem.

Spróbuj jednak wytrwać w swoim postanowieniu, a wkrótce przekonasz się, że uda się wszystko ogarnąć, że to nie jest aż tak trudne. Trzymając się podstawowych zasad, po prostu uważaj na sygnały, jakie wysyła Ci własny organizm. On potrafi na różne sposoby przekazać Ci informację, co dla Ciebie dobre. Wzdęcia, złe samopoczucie, senność w ciągu dnia czy wypryski – to sygnały wskazujące, że trzeba swój jadłospis zmodyfikować. Natomiast poczucie swobodnego przypływu energii w ciele, dobry sen, dobra koncentracja, radość życia... – wskazują, że odżywiasz się zdrowo i Twoja dieta jest właściwa.

Jedzenie niech będzie
po prostu paliwem!
Smacznym i kolorowym,
ale tylko paliwem!

JEDZENIE BYWA WROGIEM

Zaczyna się już w dzieciństwie, kiedy jedzenie staje się środkiem wychowawczym. Gdy dziecko jest niegrzeczne, to nie dostaje ulubionego smakołyku, a gdy jest grzeczne – zostaje nagrodzone czymś pysznym. I nie chodzi nawet o to, że w takim systemie nagrodą bywają produkty szkodliwe dla zdrowia. Rzecz w tym, że jedzenie podnosi się do zupełnie zbędnej rangi.

W wieku kilkunastu lat wiele osób zaczyna traktować jedzenie jak wroga, wchodząc w tryb wiecznego odchudzania. Nie liczy się wartość odżywcza, tylko kalorie – ma ich być jak najmniej. Stół w jadalni staje się polem walki, a nie miejscem spożywania posiłku. Skrajną formą takiej postawy jest anoreksja. Na tym samym biegunie są bulimicy, którzy także stracili kontrolę nad odżywianiem, ale ci z kolei kochają jedzenie i jednocześnie go nienawidzą. Przeciwny biegun zajmują osoby objadające się – jedzą nawet wtedy, gdy nie dolega im fizyczny głód.

Także wśród osób zdrowo się odżywiających są takie, które traktują jedzenie jak fetysz. Codzienność podporządkowują obsesyjnemu planowaniu superzbilansowanych jadłospisów, ustalaniu proporcji makroskładników, liczeniu kalorii i wartości odżywczych. To ortoreksja, całkiem nowe zaburzenie wyniszczające psychikę.

Anoreksja, bulimia, kompulsywne objadanie się, ortoreksja to już ciężkie choroby. Osoby nimi dotknięte wymagają specjalistycznej pomocy psychologów i psychiatrów. Nie jestem psychologiem, ale wiem, że przyczyny takich chorób są bardzo złożone, a dotarcie do ich źródeł i właściwa terapia mogą trwać latami. Chciałabym zaapelować do tych, którzy jeszcze balansują na granicy, zwłaszcza do moich najmłodszych czytelników: od najwcześniejszych lat budujmy sobie w głowie obraz jedzenia jako paliwa koniecznego do funkcjonowania. Traktujmy to możliwie najprościej i naturalnie. Oddychamy, jemy, ćwiczymy, bo te czynności zapewniają nam życie. Nie twórzmy z diety lub treningów systemu kar i nagród, w rodzaju:

„Zjadłam pączka, więc ZA KARĘ zrobię sto brzuszków"
„Zaliczyłam egzamin, więc mogę zjeść talerz ciastek"
„Jest mi smutno, więc pochłonę litr lodów"

} **NIE!**

Wiem, słodycze dają skok insuliny i poprawiają nastrój, ale tylko na chwilę. Podkreślam: na chwilę! To droga donikąd. Przyjemności szukajmy w pasjach, w realizowaniu celów, w spędzaniu czasu z bliskimi i przyjaciółmi, w lekturach, uczestniczeniu w kulturze, sporcie, działaniu na rzecz innych. Jest tyle możliwości!

CO JEŚĆ?

WARZYWA

Świeże

Kupowane w sezonie, najlepiej z upraw ekologicznych (najzdrowsze), ale także na targach w mieście. Jeśli nie mamy takich możliwości – kupujmy w marketach. Zawsze warzywa świeże wygrają z przetworami sklepowymi.

Nie lubisz warzyw? Z drugiego dania zawsze zostawiasz jarzynkę? Być może nie miałeś okazji spróbować dobrze przyrządzonych surówek i sałatek. Niewykluczone też, że przyzwyczaiłeś się do smaku glutaminianu i podobnych substancji, które zabijają delikatne, czasem wysublimowane smaki naturalnych surowców.

Mam dla Ciebie dobre wieści: kubki smakowe nie są wieczne, wciąż tworzą się nowe. I tym nowym masz szansę zaoferować wielkie bogactwo smaków natury. Tylko przełam się i spróbuj! Przełam się i szukaj! Zapewniam Cię, że odkryjesz pyszne potrawy z warzyw. Gwarantuję! Kombinuj z sałatkami, surówkami, gotuj, kiś.

Gotowane

Są lekkostrawne, a z dodatkiem tłuszczu mogą być pełnowartościowym, samodzielnym posiłkiem. To zdrowy dodatek do mięs, także w potrawkach. Gotowane warzywa można jeść także z węglowodanami: ryżem czy kaszą.

Moją ulubioną formą gotowanych warzyw są zupy kremy. Podczas obróbki termicznej wcale nie tracimy wszystkich cennych składników. Lubię podawać posypane nasionami, kiełkami lub pestkami, dzięki czemu zyskują dodatkowe walory smakowe i zdrowotne. Zupy kremy są doskonałe dla osób mających problemy z trawieniem. To także najlepsza propozycja dla tych, którzy nie lubią „śmieci” w zupach – dotyczy zwłaszcza bardzo młodych ludzi.

Kiszonki

To najlepsze naturalne probiotyki, i na dodatek smaczne. Proces kiszenia polega na fermentacji cukrów, m.in. fruktozy w warzywach, i prowadzi do powstania kwasu mlekowego. Jest bardzo prosty: wystarczą woda i sól. Fermentować można kapustę, ogórki, czosnek, buraki, ziemniaki, cytryny, cukinię, marchew, rzepę i inne warzywa. Naprawdę warto!

Najlepsze są warzywne i owocowe kiszonki domowe, bo jedynym konserwantem jest w nich sól. Robimy je na ogół jesienią, kiedy surowce roślinne są świeże i mają najwięcej cennych składników. Podczas fermentacji zmienia się struktura warzyw, dzięki czemu stają się bogatsze w witaminy, minerały, także potrzebne bakterie. Równie wartościowe jak same warzywa są soki z kiszonek.

Przetwory

Najlepsze domowe, z sezonowych warzyw. Warto je robić! Odpowiednio przetworzone warzywa zachowują witaminy i minerały, ale też energię słońca i ziemi, której nie mają ich szklarniowe odpowiedniki, dostępne poza sezonem. Oprócz kiszonek, można przechowywać w słoikach różne marynaty, domowe leczo i inne mieszanki. Będą doskonałym uzupełnieniem zimowych posiłków.

Koktajle

To bogactwo składników mineralnych i witamin w łatwo przyswajalnej formie (podobnie jak zupy kremy).

ZBOŻA

Nadal zajmują bardzo dużą przestrzeń w zalecanej piramidzie żywienia i plasują się w niej tuż nad warzywami. Dla większości ludzi są głównym źródłem węglowodanów.

Pszenica

Dla mnie – wróg! Wiem, że od wieków znajduje się w diecie człowieka, ale obecnie jej uprawa jest tak mocno zmodyfikowana, że pszenica stała się dla nas groźna. W poprzedniej książce i na blogu szczegółowo wyjaśniałam, dlaczego przestrzegam przed glutenem, zwłaszcza tym z pszenicy. Podtrzymuję swoje zdanie, tym bardziej że z mojej własnej praktyki dietetyka wynika, że odstawienie produktów z pszenicy przynosi pożytek dla zdrowia.

Pieczywo

Dla wielu osób to podstawowy produkt zbożowy i nie wyobrażają sobie bez niego życia. Najzdrowszy jest chleb wypiekany w domu, bez mąki z glutenem, a przede wszystkim bez mąki pszennej. Oczywiście, nie wszyscy mają na to czas i możliwości, więc muszą kupować. Zwracajcie zatem uwagę na skład pieczywa. Odkąd promuje się jako zdrowe wyroby z pełnego przemiału – piekarze oznaczają swoje produkty słowem „wieloziarniste". Klienci łapią się na ten prosty zabieg, choć powinno ich interesować tylko pieczywo PEŁNOziarniste, a takie spotkać można bardzo rzadko. Podobną sztuczką jest barwienie chleba, np. karmelem, bo: „ciemny chleb to zdrowszy chleb". A w składzie „chleba żytniego" znajdujemy na ogół 50 procent mąki pszennej.

Kasze

Lubię, bo smaczne i zdrowe. Unikam pszennych, takich jak manna, bulgur, kuskus, ale bardzo chętnie jem gryczaną i jaglaną. Osoby dobrze przyswajające gluten mogą cieszyć się też kaszami jęczmiennymi i owsianą. Kasze to pole do eksperymentów, bo świetnie komponują się i z warzywami, i z owocami. Można je jeść na ostro lub na słodko.

Ryż

Unikam białego, jest prawie bezwartościowy. Zdrowy jest ryż basmati. Ryż to podstawa w kuchni azjatyckiej, warto więc od czasu do czasu przyprawiać go azjatyckimi ziołami – nadają potrawie wyjątkowy smak i aromat.

Komosa ryżowa

Kocham te małe, przezroczyste ziarenka ugotowanej komosy ryżowej (inaczej quinoa). Dzięki nim posiłek wydaje się lekki, choć jest zwykle bardzo sycący. Mam nadzieję, że w Polsce komosa będzie tanieć i stanie się bardziej dostępna, bo jest źródłem nie tylko skrobi, ale i zdrowego białka.

MIĘSO

Przez pewien czas nie jadłam mięsa. Nie mogłam. Nie ciągnęło mnie do potraw mięsnych, a jeśli ich próbowałam, to nie czułam się po nich dobrze. Dlatego zrezygnowałam w ogóle. Przyzwyczaiłam się. Badania jednak wykazały, że powinnam włączyć mięso do jadłospisu. Moje ciało, ciało sportowca, domagało się składników, które najłatwiej znaleźć w mięsie. Znam sportowców wegetarian i wegan, szanuję ich i podziwiam. Ale swoim podopiecznym i sobie samej nie mogę odmówić udziału mięsa w diecie. Dawkowane z umiarem jest nam potrzebne. Ważne, by pochodziło ze sprawdzonych źródeł i było zdrowe. Lepiej spożywać je rzadziej i kupować droższe, niż decydować się na naszpikowane chemią produkty z marketów. Odpowiednio przyrządzone wołowina, drób czy dziczyzna powinny znaleźć się na naszych talerzach trzy razy w tygodniu. Warto też gotować na nich rosół.

TŁUSZCZE

Nie bójmy się tłuszczu! Jeśli się odchudzasz, ogranicz węglowodany. Tłuszcz jest niezbędny do życia, choćby do przyswojenia witamin.

Szczegółowo o tłuszczach pisałam w poprzedniej książce, teraz więc tylko krótkie przypomnienie: do obróbki cieplnej (smażenie, duszenie) używajmy oleju kokosowego lub klarowanego masła, czasem można domowego smalcu. Na zimno korzystajmy z całego bogactwa tłuszczów roślinnych: oleju lnianego, z konopi, z wiesiołka czy sezamowego.

OWOCE

Starajmy się jeść sezonowe, mamy ich bogaty wybór, więc warto z tego korzystać. Najlepiej serwować je sobie jako osobne dania – doskonałe na przykład na drugie śniadanie lub podwieczorek. Ja dodaję owoce także do śniadań i ciast, zwłaszcza moje ukochane daktyle. Skutecznie zastępują mi słodycze.

PODSUMOWANIE

ZASADY ZDROWEJ DIETY BY ANN

TWOJE TYGODNIOWE MENU POWINNO ZAWIERAĆ JAK NAJWIĘCEJ ZDROWYCH I RÓŻNORODNYCH PRODUKTÓW. WTEDY BĘDZIESZ MIEĆ PEWNOŚĆ, ŻE DOSTARCZASZ ORGANIZMOWI WSZYSTKICH SKŁADNIKÓW POTRZEBNYCH DO DOBREGO FUNKCJONOWANIA. CODZIENNIE KŁADŹ NA SWÓJ TALERZ BIAŁKA, WĘGLOWODANY ZŁOŻONE I ZDROWE TŁUSZCZE ORAZ JAK NAJWIĘCEJ WARZYW.

- Jedz warzywa, najlepiej sezonowe. Na surowo (¼ całości warzyw) i na ciepło (¾). Możesz je łączyć z białkiem lub z węglowodanami. Powinny zajmować większość Twojego talerza.
- Jedz białka roślinne (m.in. nasiona, warzywa strączkowe – jeśli nie ma przeciwwskazań oraz problemów trawiennych).
- Jedz mięso ze sprawdzonych źródeł.
- Jedz zdrowe ryby.
- Jedz węglowodany złożone, przede wszystkim kasze.
- Nie bój się tłuszczów, roślinne są zdrowe i niezbędne, m.in. do przyswajania witamin.
- Jedz kiszonki.
- Korzystaj z bogactwa ziół, używaj ich w formie przypraw i herbat.
- Jedz orzechy.
- Jedz tylko zdrowe, domowe słodycze.

CZEGO UNIKAĆ?

- Wyklucz z diety cukier.
- Wyklucz z diety żywność wysoko przetworzoną.
- Unikaj posiłków typu fast food.
- Wyklucz z diety kolorowe napoje.
- Zrezygnuj z glutenu, zwłaszcza tego z pszenicy, lub mocno ogranicz jego spożycie.
- Sól kuchenną zamień na morską lub himalajską.
- Zrezygnuj z nabiału z krowiego mleka.

JAK JEŚĆ?

- Jedz powoli, gryź i żuj bardzo dokładnie – to ważne!
- Jedz raczej więcej mniejszych posiłków.
- Staraj się jeść regularnie. Organizm, któremu dostarczysz pokarm w określonych porach (co 2–4 godziny), ureguluje metabolizm i nie będzie robił zapasów tłuszczu na czas bez jedzenia.
- Posiłki węglowodanowe jedz w pierwszej połowie dnia, dostarczą Ci energii.
- Owoce staraj się jeść osobno, raczej w pierwszej połowie dnia.
- Nie łącz w jednym posiłku białek i węglowodanów. Staraj się jeść tak: węglowodany + warzywa lub białko + warzywa.
- Dbaj o nawodnienie organizmu, pij co najmniej dwa litry wody dziennie, część płynów mogą stanowić herbaty ziołowe.
- Nie popijaj posiłków – pij co najmniej 30 minut przed posiłkiem i 30 minut po jego zakończeniu.
- Nie przejadaj się, staraj się kończyć posiłek, zanim pojawi się uczucie sytości.

- Nie jedz pomiędzy posiłkami.
- Jedz tylko takie produkty, które Ci służą, odmawiaj jedzenia takich, które wiesz, że Ci szkodzą.

TO TEŻ WAŻNE!

- Silną wolę miej już w sklepie, nie będziesz ze sobą walczyć po otwarciu szafki lub lodówki.
- Produkty spożywcze kupuj planowo i najlepiej wtedy, kiedy nie odczuwasz głodu.
- Dbaj o właściwe przechowywanie produktów.
- Dbaj o właściwe przygotowywanie posiłków.
- Dbaj o higienę w kuchni.
- Bardzo dokładnie myj warzywa i owoce.

Jedzenie ma być smaczne!

01

JAJKA

420 kcal

JAJKA ZAPIEKANE W AWOKADO

SKŁADNIKI (DLA 1 OSOBY):

- **1 awokado**
- **2 jajka**
- **1 pomidor**
- **pieprz**
- **sól morska/himalajska**

PRZYGOTOWANIE:

Awokado obrałam, przekroiłam na pół, wyjęłam pestkę. Do wgłębień włożyłam jajka (białka można odlać, jeśli nie będą się mieścić). Doprawiłam pieprzem i solą. Wyłożyłam na blaszkę i piekłam ok. 25 minut w 180°C. Podawałam z pomidorem (można z innymi warzywami).

175 kcal 1 PLACEK

PLACKI Z JAJEK Z MĄKĄ KOKOSOWĄ

SKŁADNIKI (DLA 2–3 OSÓB, OK. 8 PLACKÓW):

- 2–3 łyżki oleju kokosowego
- 4 jajka
- 2 szklanki mąki kokosowej
- 1 łyżeczka cynamonu
- 1 łyżka wody
- szczypta soli morskiej/himalajskiej
- 2 łyżki syropu klonowego
- ½ granatu

PRZYGOTOWANIE:

Do naczynia wbiłam jajka, dodałam mąkę kokosową, cynamon, wodę, szczyptę soli. Wszystko wymieszałam. Na patelni rozgrzałam tłuszcz i smażyłam placki ok. 1 minuty z każdej strony. Podawałam z syropem klonowym, posypane granatem.

255 kcal

ZAPIEKANKA
Z JAJEK I WARZYW

SKŁADNIKI (DLA 2 OSÓB):

- **4 jajka**
- **1 szklanka baby szpinaku**
- **40 g boczku pokrojonego w kostkę**
- **½ drobno pokrojonej cukinii**
- **sól morska**
- **pieprz**
- **kozieradka**
- **kurkuma**

PRZYGOTOWANIE:

Wszystkie składniki wymieszałam w miseczce (szpinak trzeba poszarpać na drobno). Całość włożyłam do foremki o wymiarach 21 × 11 × 7 cm, wysmarowanej masłem klarowanym. Piekłam ok. 20 minut w 180°C.

315 kcal

JAJKA W SAŁATCE Z AWOKADO

SKŁADNIKI (DLA 2 OSÓB):

- 50 g jarmużu
- 50 g młodego szpinaku
- 2 jajka
- 1 awokado
- 1 łyżka oleju lnianego
- 2 łyżki sezamu
- 1 łyżka octu jabłkowego
- 1 łyżka musztardy Dijon
- szczypta soli morskiej
- pieprz czarny

PRZYGOTOWANIE:

Dobrze umyłam liście jarmużu i szpinaku, wysuszyłam w papierowym ręczniku. Jarmuż (liście bez łodyg) gotowałam na parze ok. 6 minut. Jajka ugotowałam na półtwardo (mollet) – tak samo jak na miękko, w osolonej wodzie, tylko wydłużyłam czas do 6 minut, wtedy białko jest ścięte, a żółtko nie do końca. Do naczynia włożyłam zielone, drobno porozdzielane liście i awokado pokrojone w plasterki. W mniejszej miseczce przygotowałam sos: ocet jabłkowy, musztarda, sól morska, pieprz czarny, olej lniany, wszystko wymieszałam. Dodałam sos, a na koniec sezam.

265
kcal

PIECZONE MUFFINKI Z JAJEK Z GRZYBAMI

SKŁADNIKI (DLA 2 OSÓB):

- **4 jajka**
- **1 pomidor**
- **4 plasterki szynki drobiowej**
- **1 łyżka oleju kokosowego/masła klarowanego**
- **3 pieczarki**
- **sól, pieprz**

Potrzebne będą 2 żaroodporne pojemniczki do pieczenia lub 2–4 pojemniki na muffiny.

PRZYGOTOWANIE:

Rozgrzałam piekarnik do 180°C. Pokroiłam drobno szynkę, a pomidora oraz pieczarki w talarki i wrzuciłam do pojemników wysmarowanych tłuszczem. Następnie ostrożnie wbiłam jajka do każdego pojemnika (razem z żółtkami). Piekłam ok. 15 minut. Na koniec doprawiłam solą i pieprzem.

RADA: Można dodać inne warzywa, np. cukinię, szpinak, kalafior, a zamiast szynki – boczek.

220 kcal

ROLLSY Z JAJEK Z WARZYWAMI

SKŁADNIKI (DLA 2 OSÓB):

- **5 jajek**
- **1 łyżka oleju kokosowego/ masła klarowanego**
- **5 łyżek wody lub mleka kokosowego**
- **½ pęczka szczypiorku**
- **szczypta soli morskiej**
- **szczypta pieprzu czarnego**
- **tymianek**
- **estragon**
- **koperek**

PRZYGOTOWANIE:

Do naczynia wbiłam jajka, dodałam wodę, przyprawy, drobno pokrojony szczypiorek i koperek. Wszystko wymieszałam widelcem. Na patelni średniej wielkości rozpuściłam tłuszcz (na małym ogniu) i dodałam przygotowaną masę z jajek. Wylałam jak ciasto naleśnikowe i obserwowałam, jak ścinają się jajka. Cienki naleśnik przełożyłam na drugą stronę. Kiedy się ściął, zdjęłam go z patelni i przełożyłam na duży talerz. Zaczęłam przygotowywać kolejny omlet...

NADZIENIE

Na rozłożonym omlecie ułożyłam kilka liści szpinaku (można roszponki lub rukoli), dodałam kawałki pomidora, papryki (może być dowolne warzywo albo podpieczona szynka/boczek/ ser kozi). Zrolowałam jak naleśniki i pokroiłam na 3 kawałki.

310 kcal

JAJA FASZEROWANE SUSZONYMI POMIDORAMI I AWOKADO

SKŁADNIKI (DLA 2 OSÓB):

- 4 jajka
- 4 kawałki suszonych pomidorów w zalewie
- 1 awokado
- sól morska
- pieprz czarny
- tymianek

PRZYGOTOWANIE:

Ugotowałam jajka na twardo, przekroiłam je na pół i wyjęłam żółtka. Do miski włożyłam miąższ awokado, żółtka, pomidory oraz przyprawy i wszystko zmiksowałam. Farszem wypełniłam białka.

ZIELONY OMLET

200 kcal

SKŁADNIKI (DLA 2 OSÓB):

- 4 jajka
- 2 garści szpinaku
- masło klarowane/olej kokosowy
- 2 łyżki szczypiorku
- sól morska
- pieprz czarny
- tymianek
- 1 pomidor

PRZYGOTOWANIE:

Do miski wbiłam jajka, dodałam szpinak oraz przyprawy – miksowałam blenderem aż do uzyskania jednolitego koloru i konsystencji. Na patelni rozgrzałam tłuszcz i wylałam masę na omlet. Szczypiorek drobno pokroiłam i posypałam nim omlet (jedną łyżkę). Smażyłam na średnim ogniu pod przykryciem ok. 5 minut, po czym przewróciłam na drugą stronę. Omlet pokroiłam, położyłam na niego pomidora i posypałam pozostałym szczypiorkiem.

102
kcal

JAJKA W KOSZULCE ZE SZPARAGAMI

SKŁADNIKI (DLA 2 OSÓB):

- 2 jajka
- 2 łyżki octu winnego
- pęczek szparagów
- 2 łyżki koperku
- szczypta soli morskiej
- szczypta pieprzu

PRZYGOTOWANIE:

Ugotowałam szparagi (można upiec w piekarniku, przepis na str. 102). Następnie, w dość szerokim garnku, zagotowałam wodę z octem winnym, a do miseczki delikatnie wbiłam jajko. Kiedy woda ostro zabulgotała, zmniejszyłam ogień i łyżką stołową zaczęłam w tej gotującej się wodzie robić okrężne ruchy, w drugiej zaś ręce trzymałam miseczkę z jajkiem. Gdy w wodzie zrobił się wyraźny wir, szybkim ruchem wlałam jajko. Ostrożnie łyżką „uporządkowałam" białko, tak by całe było przy żółtku (często podczas gotowania jajko się rozchodzi). Po dokładnie 2½ minucie jajko w koszulce powinno wyglądać jak gałka mozzarelli. Delikatnie przełożyłam jajko na szparagi ułożone na talerzu, doprawiłam przyprawami i koperkiem.

250 kcal

JAJKO W DYNI

SKŁADNIKI (DLA 1 OSOBY):

- ½ dyni makaronowej
- 2 jajka
- garść szpinaku
- sól morska
- pieprz czarny

PRZYGOTOWANIE:

Dynię przekroiłam na pół, wydrążyłam i piekłam 40 minut w 180°C. Na dynię wbiłam jajka, dodałam pozostałe składniki i piekłam jeszcze 15 minut.

RADA: Jeśli to danie ma być podane na śniadanie, można upiec dynię wieczorem, a rano dodać jedynie jajka i całość zapiec w 15 minut.

02 ZUPY

299 kcal

ZIELONA ZUPA FIT
Z JABŁKIEM

SKŁADNIKI (DLA 3 OSÓB):

- 3 szklanki groszku (świeżego lub mrożonego)
- 1 cebula
- 1 marchewka
- 1 mały brokuł
- 2 łyżki masła klarowanego
- 2 jabłka
- sól morska
- pieprz czarny
- majeranek
- szczypta gałki muszkatołowej
- garść prażonych pestek słonecznika
- listki mięty do ozdoby

PRZYGOTOWANIE:

Marchew obrałam, umyłam, pokroiłam. Brokuł podzieliłam na różyczki i ugotowałam z marchewką w niewielkiej ilości wody, pod przykryciem. Pod koniec gotowania wrzuciłam groszek i gotowałam jeszcze ok. 3 minut. W tym czasie na patelni poddusiłam na maśle klarowanym pokrojoną cebulę. Kiedy się zeszkliła, dorzuciłam ją do garnka z zupą i jeszcze chwilę podgrzewałam na małym ogniu. Przyprawiłam i wszystko zmiksowałam. Na talerzach udekorowałam listkami mięty oraz jabłkami pokrojonymi w paseczki.

366 kcal

ZIELONE GAZPACHO NA LATO

SKŁADNIKI (DLA 3 OSÓB):

- 1 zielona sałata
- 1 zielona papryka
- 2 awokado
- 1 średni ogórek
- 1 ząbek czosnku
- 1 młoda cebula
- 1 garść listków mięty
- 1 garść listków bazylii
- 200 ml mleka kokosowego (gęstego)
- 1 łyżeczka soli morskiej
- ½ łyżeczki chilli
- wiórki kokosowe lub orzechy (do posypania)

PRZYGOTOWANIE:

Warzywa i awokado dobrze umyłam i pokroiłam na małe kawałki. Wszystko zmiksowałam wraz z mlekiem kokosowym i przyprawami. Włożyłam do lodówki. Przed zjedzeniem posypałam wiórkami z kokosa (można orzechami) i ozdobiłam pozostałymi listkami mięty. Gotowe!

383
kcal

ZUPA KREM Z DYNI Z BOCZKIEM ORAZ PIECZONĄ PAPRYKĄ

SKŁADNIKI (DLA 3 OSÓB):

- **1 mała dynia**
- **100 g słodkich ziemniaków (można zastąpić zwykłymi)**
- **½ czerwonej papryki**
- **½ żółtej papryki**
- **3 cienkie plasterki boczku**
- **½ szklanki pomidorków koktajlowych**
- **1 szklanka czystego rosołu**
- **3 łyżki uprażonych pestek dyni**
- **szczypta kurkumy**
- **szczypta pieprzu czarnego**
- **szczypta curry**
- **lubczyk**

PRZYGOTOWANIE:

Obrałam dynię i batat, włożyłam do garnka, zalałam wodą i gotowałam do miękkości. Paprykę pokroiłam na drobne kawałki i piekłam w piekarniku ok. 20 minut w 180°C. Pomidorki przekroiłam na pół i dusiłam na patelni w wodzie z przyprawami. Odcedziłam wodę z gotującej się dyni i batatu, dodałam bulion. Zmiksowałam blenderem, a następnie gotowałam na małym ogniu. Na patelni (można na grillu) podsmażyłam boczek poszatkowany na drobno. Kiedy zupa była gotowa, przelałam ją do miseczki, dodając boczek oraz upieczoną paprykę i duszone pomidorki. Na koniec dorzuciłam uprażone pestki dyni.

217 kcal

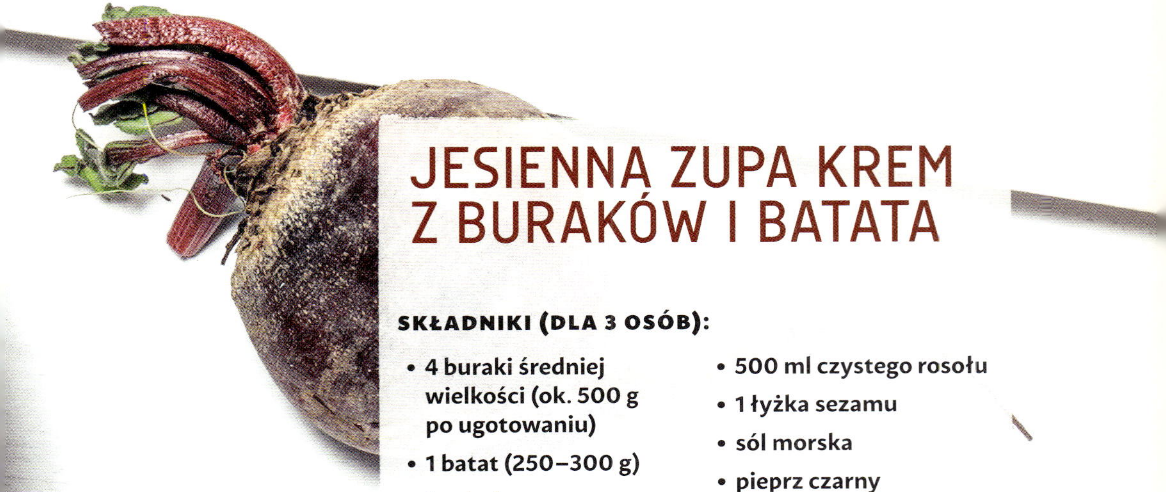

JESIENNA ZUPA KREM Z BURAKÓW I BATATA

SKŁADNIKI (DLA 3 OSÓB):

- 4 buraki średniej wielkości (ok. 500 g po ugotowaniu)
- 1 batat (250–300 g)
- 1 cebula
- 1 łyżka masła klarowanego
- 500 ml czystego rosołu
- 1 łyżka sezamu
- sól morska
- pieprz czarny

PRZYGOTOWANIE:

Batat i buraki obrałam i ugotowałam w wodzie pod przykrywką. Kiedy były miękkie odlałam wodę i wlałam rosół. Podgrzewałam przez kilka minut na średnim ogniu. W tym czasie zeszkliłam cebulkę na maśle klarowanym (można też dodać czosnek i kawałek pora). Warzywa z patelni przełożyłam do garnka i wszystko miksowałam do uzyskania jednolitej, kremowej konsystencji. Doprawiłam przyprawami, posypałam sezamem.

Ingredienti:
Sale di Mothia,
Coriandolo
Finocchietto selvatico
Origano
Ideale per condire i piatti
a base di pesce

293 kcal

ZUPA POMIDOROWA Z PULPETAMI DROBIOWYMI

SKŁADNIKI (DLA 4 OSÓB):

- ½ kg mięsa mielonego z indyka
- 1 łyżka suszonej bazylii
- 1 łyżka suszonego majeranku
- 2 łyżki oliwy
- 500 ml czystego rosołu
- 300 ml przecieru z pomidorów
- 10 pomidorków koktajlowych
- 1 papryka
- 1 cebula
- 2 ząbki czosnku
- 1 łyżeczka soli morskiej
- 1 łyżeczka czarnego pieprzu
- 1 łyżka świeżego tymianku

PRZYGOTOWANIE:

Mięso dokładnie umyłam, włożyłam do naczynia, dodałam przyprawy oraz oliwę. Wszystko wymieszałam, uformowałam kulki. Podsmażyłam je na patelni pod przykryciem. Do głębokiej patelni wlałam bulion, dodałam paprykę, pomidorki koktajlowe, cebulę, czosnek wyciśnięty przez praskę, przecier pomidorowy, włożyłam klopsiki i dusiłam na małym ogniu ok. 30 minut. Gotową zupę przelałam do miseczek i posypałam świeżym tymiankiem.

196 kcal

ZUPA KREM Z ZIEMNIAKÓW I BIAŁYCH SZPARAGÓW

SKŁADNIKI (DLA 3 OSÓB):

- 1 pęczek szparagów białych
- 5 ziemniaków (średniej wielkości)
- kawałek selera
- 1 duża marchewka
- 1 korzeń pietruszki
- 1 por
- 1 cebula
- 1 łyżka masła klarowanego
- pieprz czarny
- sól morska/himalajska
- czosnek niedźwiedzi

PRZYGOTOWANIE:

Warzywa dokładnie umyłam i obrałam. Ze szparagów usunęłam zdrewniałe końcówki. Szparagi i resztę umytych, obranych i pokrojonych warzyw wrzuciłam do garnka i zalałam wodą. Kiedy warzywa były gotowe, wyjęłam główki szparagów, wsypałam przyprawy i wszystko zmiksowałam na jednolitą masę. Dodałam masło klarowane. Udekorowałam szparagami.

234 kcal

ZUPA MARCHEWKOWA Z MASŁEM MIGDAŁOWYM

SKŁADNIKI (DLA 3 OSÓB):

- 6–8 marchewek (ok. ½ kg)
- 1 pietruszka
- 2 średnie ziemniaki lub połowa batatu
- 1 cebula
- 2 łyżki masła migdałowego
- liście kolendry
- szczypta chilli
- szczypta soli morskiej/ himalajskiej
- pieprz czarny
- 1 łyżeczka tartego imbiru
- szczypta kurkumy
- 1 łyżka masła klarowanego lub oleju kokosowego
- kilka kropel soku z pomarańczy (opcjonalnie)
- migdały w płatkach do posypania

PRZYGOTOWANIE:

Warzywa obrałam, pokroiłam na kawałki, włożyłam do garnka i zalałam wodą (ok. 1 litr), dodając 1 łyżeczkę soli morskiej. Na patelni rozgrzałam 1 łyżkę tłuszczu i poddusiłam pokrojoną na drobno cebulę, dodałam imbir. Kiedy warzywa były prawie miękkie, dodałam resztę przypraw z cebulą i imbirem. Wszystko miksowałam do uzyskania jednolitej kremowej konsystencji. Na koniec zupę skropiłam sokiem z pomarańczy, na wierzch położyłam łyżkę masła migdałowego, posypałam płatkami z migdałów.

207 kcal

BIAŁA ZUPA KREM Z KALAFIORA Z WIÓRKAMI KOKOSOWYMI

SKŁADNIKI (DLA 3 OSÓB):

- **1 kalafior (ok. 500 g)**
- **1 cebula**
- **1 ząbek czosnku**
- **2 szklanki czystego rosołu**
- **1 łyżka masła klarowanego lub oleju kokosowego**
- **1 łyżeczka soli morskiej**
- **½ łyżeczki pieprzu czarnego**
- **2 łyżki pasty tahini (pasta sezamowa)**
- **jagody goji i wiórki kokosowe (do posypania, opcjonalnie)**

PRZYGOTOWANIE:

W bulionie ugotowałam kalafior. Na patelni poddusiłam na tłuszczu drobno posiekane cebulę i czosnek, dodałam je do kalafiora, gdy był miękki. Całość zmiksowałam z przyprawami na jednolity krem. Na wierzch położyłam pastę tahini i posypałam wiórkami kokosowymi oraz kilkoma jagodami goji.

399
kcal

BIAŁY KREM Z TOPINAMBURU Z OLIWĄ TRUFLOWĄ

SKŁADNIKI (DLA 3 OSÓB):

- **500 g topinamburów**
- **2 średnie ziemniaki**
- **1 cebula**
- **1 ząbek czosnku**
- **100 g kalafiora**
- **1 szklanka mleczka kokosowego**
- **1 łyżeczka oleju kokosowego (lub masła klarowanego)**
- **½ pęczka koperku**
- **przyprawy: sól morska, pieprz czarny, oregano, pieprz cayenne**
- **2 łyżki oliwy truflowej**

PRZYGOTOWANIE:

Topinambury i ziemniaki obrałam nożykiem, dokładnie umyłam kalafior. Włożyłam do garnka i zalałam wodą. Gotowałam do miękkości, odlałam wodę. Na patelni rozgrzałam olej kokosowy i poddusiłam cebulę z czosnkiem (drobno pokrojone), dodałam do garnka z warzywami wraz z mleczkiem kokosowym. Gotowałam kilka minut, następnie doprawiłam przyprawami: solą, pieprzem czarnym, oregano. Wszystko miksowałam do uzyskania jednolitej masy. Przełożyłam do miseczek, posypałam pieprzem cayenne i koperkiem, dodałam oliwę truflową.

RADA: Jeśli zupa będzie zbyt gęsta, trzeba dodać przegotowanej wody, stale mieszając. Ta zupa doskonale smakuje z chipsami z topinamburu.

198 kcal

ZUPA Z PIECZONEJ PAPRYKI I SOCZEWICY

SKŁADNIKI (DLA 3 OSÓB):

- **3 szklanki czystego rosołu**
- **½ szklanki soczewicy czerwonej**
- **3 czerwone papryki**
- **1 cebula**
- **1 ząbek czosnku**
- **przyprawy: szczypta pieprzu cayenne, ½ łyżeczki bazylii, ½ łyżeczki soli morskiej, sos balsamiczny**

PRZYGOTOWANIE:

Paprykę umyłam, poprzecinałam na kilka kawałków, usunęłam gniazda nasienne, wyłożyłam na papier do pieczenia i wstawiłam do piekarnika. Piekłam w 160°C 15–20 minut. Do garnka dorzuciłam drobno pokrojoną cebulę, czosnek, soczewicę oraz dolałam bulion, gotowałam 15–20 minut. Dodałam upieczoną paprykę oraz przyprawy i miksowałam w blenderze do uzyskania kremu. Na wierzch dodałam sos balsamiczny.

207 kcal

ZUPA KREM Z PASTERNAKU, SELERA I POMARAŃCZY

SKŁADNIKI (DLA 3 OSÓB):

- 1 marchew
- 2 pasternaki (średniej wielkości)
- ½ selera małego
- 1 cebula
- imbir (korzeń, ok. 12 g)
- sok z 1 pomarańczy
- skórka z pomarańczy
- 1 łyżka oleju kokosowego (lub masła klarowanego)
- sól morska/himalajska
- pieprz czarny
- kurkuma
- pieprz cayenne
- 2 łyżki sezamu
- 4 łyżki prażonych pestek dyni
- kawałki suszonego chilli
- 2 łyżeczki oleju z ostropestu

PRZYGOTOWANIE:

Cebulę zeszkliłam na maśle klarowanym. Obrane, umyte i pokrojone warzywa ugotowałam w wodzie (zalałam wodą, tak aby były zakryte), potem dorzuciłam cebulę i przyprawy. Zmiksowałam. Dodałam sok z pomarańczy i startą z połowy pomarańczy skórkę. Na koniec dolałam odrobinę oleju z ostropestu, posypałam sezamem, chilli oraz prażonymi na suchej patelni pestkami dyni.

313 kcal

CHŁODNIK MOJEJ MAMY

SKŁADNIKI (DLA 4 OSÓB):

- **kilka młodych buraków z liśćmi**
- **pęczek młodej botwiny**
- **3 małe świeże ogórki**
- **1 cukinia (obrana)**
- **1 ząbek czosnku**
- **5 rzodkiewek**
- **1 puszka mleczka kokosowego**
- **½ dużego pęczka cienkiego szczypiorku**
- **2 pęczki świeżego koperku**
- **sok z połowy cytryny**
- **1 awokado**
- **garść mięty**
- **1 l wody lub delikatnego bulionu warzywnego**
- **sól, pieprz**
- **50 g kaszy gryczanej**

PRZYGOTOWANIE:

Mleczko kokosowe wstawiłam do lodówki, by zgęstniało. Warzywa umyłam, cukinię obrałam i pokroiłam, buraczkom odcięłam końcówki i je pokroiłam, podobnie botwinkę. Warzywa zalałam wrzącym bulionem domowej roboty, delikatnie posoliłam, gotowałam kilka minut na średnim ogniu. Następnie dodałam liście, posiekany czosnek i jeszcze chwilę gotowałam. Odstawiłam do ostygnięcia. Pokroiłam umyte rzodkiewki, ogórki, cukinię i dodałam do zupy. Posiekałam koperek, miętę i szczypiorek, dorzuciłam do garnka. Kiedy zupa była zimna, dolałam mleczko i sok z cytryny, doprawiłam ziołami. Na koniec dorzuciłam awokado pokrojone w kostkę.

Suchą patelnię rozgrzałam na dużym ogniu, wrzuciłam na nią kaszę i chwilę prażyłam na sucho. Potem dodałam rozgrzaną na drugiej patelni oliwę i jeszcze chwilę podgrzewałam. Miskę wyłożyłam papierowym ręcznikiem i wsypałam do niej kaszę. Kiedy tłuszcz się odsączył, dosypałam kaszę do chłodnika.

ZUPA AMARANTUSOWA NA MAGICZNYM ROSOLE

(zupa zdrowia – stawia na nogi!)

SKŁADNIKI (DLA 2 OSÓB):

- 1 szklanka nasion amarantusa
- 1 ugotowana marchewka z rosołu
- 300 ml magicznego rosołu (przepis na str. 80)
- 2 łyżki oleju kokosowego
- przyprawy: pieprz cayenne, kurkuma, czosnek niedźwiedzi, tymianek, imbir
- łyżka roślinnej śmietany, np. ryżowej, lub mleka kokosowego

PRZYGOTOWANIE:

Nasiona amarantusa gotowałam w rosole 20–25 minut, na średnim ogniu. Dodałam rozgrzewające przyprawy oraz śmietanę roślinną (można mleko kokosowe). Podawałam z ugotowaną marchewką.

RADA: Zupa szybko robi się gęsta, dlatego można dodać więcej rosołu lub wody.

96 kcal

ZUPA Z PORÓW I ZIEMNIAKÓW

(według Pięciu Przemian)

SKŁADNIKI (DLA 6 OSÓB):

Do 2 l wrzącej wody dodałam:

- **szczyptę kurkumy**
- **szczyptę tymianku**
- **szczyptę kminku**
- **szczyptę kozieradki.**

Po 1 minucie:

- **ok. 600 g ziemniaków pokrojonych w kostkę**
- **łyżkę masła klarowanego.**

Po 1 minucie:

- **ok. 350 g porów**
- **2–3 ząbki czosnku**
- **½ łyżeczki imbiru**
- **szczyptę pieprzu cayenne**
- **szczyptę gałki muszkatołowej.**

Po 1 minucie:

Doprawiłam solą morską.

Por pokroiłam w talarki, a czosnek na małe kawałeczki, zeszkliłam je na maśle klarowanym i wrzuciłam do garnka. Wszystko gotowałam do miękkości, następnie zmiksowałam, dodając: szczyptę bazylii, łyżeczkę soku z cytryny.

„NEVE
GIV
UP
ANNA LEWANDOW

140 kcal

KRUPNIK Z KASZĄ JAGLANĄ

(przeciw grypie)

SKŁADNIKI (DLA OK. 8 OSÓB):

Do 2–3 l wrzącej wody dodałam (w podanej kolejności):

- **mięso drobiowe (najlepiej z kośćmi, np. udko kurczaka)**
- **szczyptę tymianku**
- **szczyptę kurkumy**
- **½ łyżki kminku**
- **150 g kaszy jaglanej**
- **4 ziarenka ziela angielskiego**
- **½ łyżki imbiru.**

Gotowałam przez 1½ godziny.
Następnie dodałam:

- **odrobinę pokrojonej cebuli**
- **sól morską (wedle smaku, unikaj soli kuchennej)**
- **szczyptę bazylii**
- **garść zielonej pietruszki**
- **szczyptę majeranku**
- **3–4 pokrojone marchewki**
- **1 pokrojoną pietruszkę**
- **3 pokrojone ziemniaki**
- **pieprz (do smaku)**
- **sól (do smaku).**

RADA: Jeśli trzeba uzupełnić ilość zupy, dolej wody.

134
kcal

ZUPA KREM
Z ZIELONYCH SZPARAGÓW

SKŁADNIKI (DLA 3 OSÓB):

- 2 pęczki szparagów zielonych
- 2 pory
- 1 ząbek czosnku
- kilka kropel soku z cytryny
- sól morska/himalajska
- pieprz
- skórka otarta z cytryny
- tymianek
- 150 ml jogurtu roślinnego lub koziego
- 1 łyżka klarowanego masła

PRZYGOTOWANIE:

Podsmażyłam cebulę, pory i czosnek. W garnuszku podgotowałam szparagi, dorzucając do nich przyprawy oraz zawartość patelni. Chwilę wszystko dusiłam i zmiksowałam. Odstawiłam do wystygnięcia, dodając otartą skórkę cytryny, kilka kropel soku z cytryny i jogurt. Podawałam na zimno (można też na ciepło).

323 kcal

ZUPA Z KREWETKAMI NA KOKOSIE

SKŁADNIKI (DLA 3 OSÓB):

WYWAR WARZYWNY:

- 2 marchewki
- 1 mały brokuł
- 1 kawałek selera
- 1 por
- 1 łyżka masła klarowanego

ORAZ

- 250 g krewetek
- 300 ml mleczka kokosowego
- 1 cebula
- 2 ząbki czosnku
- 5 pieczarek
- ½ pęczka kolendry
- garść szpinaku
- 2 łyżki oleju kokosowego
- 2 trawy cytrynowe
- 1 łyżka pasty curry
- 1 łyżka tartego imbiru
- 1 papryczka chilli
- sól morska
- szczypta kurkumy
- majeranek

PRZYGOTOWANIE:

Warzywa ugotowałam na wywar wraz z solą morską i łyżką masła klarowanego.

Na patelni poddusiłam pokrojoną drobno cebulę, czosnek i imbir oraz papryczkę chilli. Po chwili dodałam pokrojone w talarki pieczarki i mleczko kokosowe. Dusiłam ok. 5 minut. Dodałam obrane krewetki, liście kolendry i szpinaku, trawy cytrynowe, przyprawy i pastę curry. Z wywaru warzywnego przełożyłam brokuły (al dente) i jeszcze chwilkę dusiłam. Następnie dolałam 2 szklanki bulionu warzywnego. Na wierzch rzuciłam kiełki fasoli mung.

243 kcal

ZUPA ZE SZPINAKIEM, KAWAŁKAMI DYNI I TOFU

SKŁADNIKI (DLA 3 OSÓB):

- szklanka dyni pokrojonej w kostkę
- 250–300 g młodego szpinaku (baby)
- garść pestek dyni
- 2 łyżki masła klarowanego
- łyżka przyprawy asafetyda
- czarnuszka
- sól, pieprz
- kurkuma
- kolendra
- 2 łyżki pasty tahini
- pół szklanki ryżu jaśminowego

PRZYGOTOWANIE:

Ryż ugotowałam w szklance wody. Szpinak przez chwilę gotowałam w wodzie, potem przerzuciłam na sitko. Na maśle klarowanym poddusiłam do miękkości dynię z przyprawami. Do dyni dodałam szpinak, tahini i szklankę wody, dusiłam jeszcze chwilę. Do miseczek nakładałam ryż i zalewałam zupą, posypałam czarnuszką (można dodać podprażone na suchej patelni pestki dyni).

MAGICZNY ROSÓŁ

(według Pięciu Przemian)

SKŁADNIKI (NA 12 PORCJI):

PRZYGOTOWANIE ROSOŁU:

Zagotowałam 3 l wody i do wrzątku dodałam w podanej kolejności (metodą Pięciu Przemian):

- **½ łyżeczki tymianku**
- **¼ łyżeczki kurkumy**
- **ok. ½ kg dobrego mięsa (drób, wołowina, cielęcina, dziczyzna np. królik, świetnie sprawdza się mięso z bażanta, ale takie dodajemy po pietruszce)**
- **½ łyżeczki kminku**

Wszystko gotowałam 1½ godziny, potem dodałam po kolei:

- **3 średnie marchewki**
- **1 pietruszkę**

Po 1 minucie:

- **1 dużą cebulę**
- **seler naciowy (jedna łodyga)**
- **2 ząbki czosnku**
- **½ łyżeczki imbiru**
- **szczyptę pieprzu cayenne**
- **1 listek laurowy**
- **4 ziarenka ziela angielskiego**

Po 1 minucie:

- **sól (do smaku)**

Po 1 minucie:

- **3 łyżki octu jabłkowego niepasteryzowanego**
- **½ kurczaka/koguta/perliczki**

Gotowałam na małym ogniu jeszcze przez 1½ godziny. Wyjęłam mięso i jarzyny. Podawałam np. z kaszą jaglaną gotowaną na wodzie oraz warzywami z rosołu. Mięso idealnie nadaje się na potrawkę.

275 kcal

ZUPA Z AWOKADO I POMIDORÓW

(na gorące dni)

SKŁADNIKI (DLA 2 OSÓB):

- 1 mała szalotka
- 2 duże pomidory
- 2 łyżki przecieru pomidorowego
- 2 awokado
- 1 czerwona papryka
- 1 garść pietruszki
- 1 garść liści mięty
- ½ łyżeczki pieprzu
- ½ łyżeczki soli morskiej/ himalajskiej
- ½ łyżeczki suszonego tymianku

PRZYGOTOWANIE:

Warzywa dokładnie umyłam, obrałam, pozbyłam się pestek, nasion. Pomidor sparzyłam wrzątkiem, zdjęłam skórkę, pokroiłam na bardzo drobne kawałki i wrzuciłam do naczynia. Wszystko zblendowałam na jednolity krem, dodając przyprawy. Posypałam orzechami włoskimi. Czas przygotowania: 15 minut! :)

210 kcal

SZYBKA ZUPA Z WARZYW KORZENIOWYCH Z GRUSZKĄ

SKŁADNIKI (DLA 2 OSÓB):

- 3 średnie marchewki
- 1 korzeń pietruszki
- ½ małego selera
- 10 g imbiru
- 1 ząbek czosnku
- 1 cebula
- 1 gruszka
- 1 łyżka masła klarowanego
- 1 łyżeczka soli morskiej
- ½ łyżeczki pieprzu czarnego
- ½ łyżeczki kurkumy
- ⅓ łyżeczki asafetydy
- garść pestek dyni

PRZYGOTOWANIE:

Na głębokiej patelni rozpuściłam masło klarowane. Wrzuciłam pokrojone warzywa oraz gruszkę i dusiłam pod przykryciem. Następnie wlałam wody tyle, by przykryć warzywa. Gotowałam ok. 10 minut na średnim ogniu. Dodałam przyprawy i zmiksowałam. Uprażyłam pestki dyni na suchej patelni i dorzuciłam do zupy.

03

WARZYWA NA CIEPŁO

197 kcal

DUSZONA DYNIA Z ZIELONYM GROSZKIEM I BROKUŁAMI

SKŁADNIKI (DLA 4 OSÓB):

- ½ dyni (małej)
- 2 małe główki brokułów
- 1 opakowanie mrożonego groszku
- 1 mała główka kalafiora
- sól morska
- cynamon
- pieprz czarny
- oregano
- kurkuma
- pestki słonecznika
- garść kiełków

OPCJA Z MIĘSEM:

- 2 piersi z kurczaka
- pieprz, sól, oregano i bazylia
- olej kokosowy

PRZYGOTOWANIE:

Rozgrzałam patelnię, rozpuściłam na niej masło klarowane/ olej kokosowy, wrzuciłam dynię pokrojoną w kostkę, posoliłam, a po chwili doprawiłam cynamonem. Smażyłam pod przykryciem kilka minut. W tym czasie pokroiłam brokuły, kalafior i dorzuciłam je wraz z zielonym groszkiem na patelnię. Wszystko dusiłam pod przykryciem, aż warzywa zmiękły Dodałam pozostałe przyprawy. Co jakiś czas, w razie potrzeby, dolewałam odrobinę wody.

WERSJA Z MIĘSEM:

264 kcal

Mięso z kurczaka dokładnie umyłam, pokroiłam w kostkę, doprawiłam przyprawami. Wyłożyłam je na małą patelnię, rozpuściłam masło kokosowe i dolewałam po odrobinie wody. Pozostawiłam pod przykryciem kilka minut. Na koniec na suchej patelni uprażyłam pestki słonecznika (opcjonalnie można je uprażyć na patelni z wiórkami kokosowymi – nadają oryginalny smak). Danie przełożyłam na talerz i posypałam kiełkami.

260
kcal

FRYTKI
Z BATATÓW

(ulubione mojego brata)

SKŁADNIKI (DLA 4 OSÓB):

- **1 kg słodkich ziemniaków**
- **2–3 łyżki oliwy**
- **przyprawy: sól morska, pieprz czarny, tymianek, bazylia, rozmaryn (można też w wersji: sól morska, pieprz cayenne, cynamon)**

PRZYGOTOWANIE:

Ziemniaki dokładnie umyłam szczoteczką (skórkę można pozostawić), pokroiłam w łódeczki. Ułożyłam na papierze do pieczenia, posmarowałam oliwą, dodałam przyprawy. Wstawiłam do rozgrzanego piekarnika (z termoobiegiem) i piekłam w 200°C ok. 20 minut.

RADA: Do smarowania ziemniaków oliwą dobrze użyć specjalnego pędzelka.

Post
ROBERT LEWANDOWSKI
JERZY MAKSYMIUK
TOMASZ KOT
MIKE TYSON
PODRÓŻE:

183 kcal

RATATOUILLE

SKŁADNIKI (DLA 3 OSÓB):

- 1 bakłażan
- 2 cukinie
- 4 duże pomidory
- 1 czerwona papryka
- 1 żółta papryka
- 1 mała cebula
- 1–2 ząbki czosnku
- garść płatków z migdałów
- świeże listki bazylii
- olej kokosowy
- przyprawy: curry, kurkuma, pieprz czarny, sól morska, opcjonalnie asefetyda

PRZYGOTOWANIE:

Warzywa dokładnie umyłam, pokroiłam na małe kawałki, a czosnek wycisnęłam przez praskę. Olej kokosowy rozpuściłam na patelni. Najpierw zeszkliłam cebulę i czosnek, dodałam bakłażan i paprykę, dusiłam pod przykryciem. Po kilku minutach dodałam pomidory oraz cukinię. Wszystko doprawiłam i dusiłam jeszcze przez ok. 5 minut. Na koniec dorzuciłam listki bazylii. Przełożyłam do naczynia. Posypałam płatkami z migdałów.

456 kcal

CZERWONA KAPUSTA Z BOCZKIEM, NA CIEPŁO

SKŁADNIKI (DLA 2 OSÓB):

- **400 g czerwonej kapusty (grubo pokrojonej)**
- **100 g boczku gotowanego (1 plaster)**
- **2 łyżki octu jabłkowego**
- **1 pęczek koperku (do posypania)**
- **2 łyżki oleju kokosowego**
- **szczypta pieprzu czarnego**
- **1 łyżeczka kminku**
- **3 łyżki pestek słonecznika**

PRZYGOTOWANIE:

Na patelni (można na grillu) podsmażyłam boczek (bardzo krótko). Na innej patelni poddusiłam na oleju kokosowym kapustę z przyprawami – jak tylko zmiękła, dodałam ocet jabłkowy. Kapusta była gotowa kiedy odparował płyn, wtedy dodałam boczek. Przełożyłam do naczynia i posypałam koperkiem oraz pestkami słonecznika.

240
kcal

GOTOWANE MŁODE BURACZKI W SOSIE BALSAMICZNYM

SKŁADNIKI (DLA 2 OSÓB):

- **2 pęczki małych młodych buraków (ok. 600 g)**
- **200 ml balsamico**
- **60 g cukru kokosowego**
- **świeży tymianek (4 łodygi)**
- **szczypta czarnego pieprzu**

PRZYGOTOWANIE:

W garnku ugotowałam buraki. W miseczce wymieszałam resztę składników. Odcedziłam buraki, przełożyłam na głęboką patelnię i wlałam do nich mieszankę z balsamico. Dusiłam pod przykryciem na średnim ogniu ok. 5 minut.

To idealny dodatek do obiadu węglowodanowego.

145 kcal

BROKUŁY Z MISO SEZAMOWYM

(przystawka)

SKŁADNIKI (DLA 3 OSÓB):

- 500 g brokułów
- 3 łyżki sezamu
- 1 łyżka oleju sezamowego
- 2 łyżki pasty miso
- 60 ml bulionu
- 1 łyżka startego imbiru

PRZYGOTOWANIE:

Brokuły pokroiłam i blanszowałam w osolonej wodzie ok. 6 minut. Zdjęłam z ognia, odcedziłam wodę i zalałam warzywo bardzo zimną wodą. Piekarnik rozgrzałam do 200°C. Na blaszkę wyłożoną papierem do pieczenia wrzuciłam sezam, podpiekłam aż się zarumienił. W małej miseczce rozrobiłam resztę składników. Podawałam brokuły polane sosem oraz posypane sezamem.

CUKINIA Z OLIWKAMI WĘDZONYMI

290 kcal

SKŁADNIKI (DLA 2 OSÓB):

- 1 duża cukinia
- garść czarnych wędzonych oliwek
- garść pestek słonecznika
- garść pestek dyni
- oliwa
- ząbek czosnku
- sól, różne pieprze

PRZYGOTOWANIE:

Cukinię umyłam, cienko obrałam i pokroiłam w plastry. Na patelni rozgrzałam oliwę i wrzuciłam cukinię, podsmażałam przez ok. 3 minuty. Dodałam przyprawy, pestki i oliwki.

PIECZONA DYNIA NA OSTRO

220 kcal

SKŁADNIKI (DLA 2 OSÓB):

- ½ dyni hokkaido ze skórką
- garstka pestek dyni
- sól morska (gruboziarnista)
- sezam biały (do posypania)
- papryczka chilli
- łyżka oliwy

PRZYGOTOWANIE:

Dynię pokroiłam w plastry, skropiłam oliwą, posypałam solą i chilli. Piekłam w 180°C ok. 40 minut. Na koniec posypałam sezamem.

547 kcal

PIKANTNE CHRUPKI Z CIECIERZYCY

SKŁADNIKI (DLA 3 OSÓB):

- **400 g ciecierzycy**
- **2 łyżki oleju kokosowego**
- **¼ łyżki tymianku**
- **¼ łyżki pieprzu cayenne**
- **2 łyżki soku z cytryny**
- **½ łyżeczki soli morskiej**

PRZYGOTOWANIE:

Ciecierzycę moczyłam w wodzie przez całą noc. Następnego dnia gotowałam ją w nowej wodzie, w stosunku 1:6, ok. 80 minut. Odcedziłam i pozostawiłam do wysuszenia. Dodałam olej kokosowy (można oliwę), sok z cytryny oraz przyprawy. Wyłożyłam blachę papierem do pieczenia i wysypałam ciecierzycę. Piekłam ok. 40 minut w 180°C. Przełożyłam do szczelnego pojemnika.

210 kcal

PIECZONE WARZYWA KORZENIOWE

SKŁADNIKI (DLA 4 OSÓB):

- 3 marchewki
- 3 pasternaki
- 2 pietruszki
- 5 buraków
- 1 batat
- 1 cebula
- 3 łyżki oliwy z oliwek
- świeży rozmaryn
- 1 łyżka tymianku
- ½ łyżeczki soli morskiej
- pieprz cayenne

PRZYGOTOWANIE:

Rozgrzałam piekarnik do 200°C. Warzywa dokładnie umyłam, obrałam i pokroiłam w zapałki „frytki", a cebulę i buraki w łódeczki. Wszystko rozmieściłam na blaszce wyłożonej papierem do pieczenia. Posmarowałam warzywa oliwą używając specjalnego pędzelka, posypałam przyprawami, ziołami oraz świeżym rozmarynem. Piekłam w piekarniku z funkcją termoobiegu w 200°C przez ok. 30 minut.

RADA: Jeśli warzywa nie są zbyt miękkie, należy pozostawić je w piekarniku jeszcze przez 10 minut.

178
kcal

SZPARAGI PIECZONE W SZYNCE PARMEŃSKIEJ

SKŁADNIKI (DLA 2 OSÓB):

- 12 szparagów
- 6 plastrów szynki
- oliwa
- sól morska
- pieprz czarny
- sos balsamiczny

SPOSÓB PRZYGOTOWANIA:

Piekarnik rozgrzałam do 200°C. Odcięłam zdrewniałe końcówki szparagów. Każdy szparag owinęłam połową plastra szynki. Ułożyłam na blaszce pokrytej papierem do pieczenia. Przyprawiłam i skropiłam oliwą (najlepiej używać specjalnego pędzelka do smarowania). Piekłam 10–12 minut. Wyłożyłam na talerz i polałam sosem balsamicznym.

290 kcal

PLACKI Z BURAKÓW

(ulubione mojego brata)

SKŁADNIKI (DLA 1 OSOBY):

- **2 buraki ugotowane ze skórką**
- **2 łyżki mąki kukurydzianej**
- **2 łyżki mąki jaglanej**
- **1 jajko**
- **sól, pieprz, cynamon**

PRZYGOTOWANIE:

Wszystkie składniki zmiksowałam i smażyłam placki na maśle klarowanym, na średnim ogniu, pod przykryciem.

325 kcal

WEGAŃSKI PASZTET Z BURAKA I CUKINII

SKŁADNIKI (DLA 2 OSÓB):

- 1½ zielonej cukinii
- 3 ugotowane buraki
- 2 jajka
- kostka sera ricotta (ok. ½ szklanki)
- garść natki z pietruszki (pokrojonej na drobno)
- garść orzechów włoskich (pokruszonych)
- przyprawy: sól morska, pieprz czarny, kumin, tymianek
- opcjonalnie ser feta (do posypania)

PRZYGOTOWANIE:

Cukinie obrałam, zmiksowałam w robocie kuchennym, przełożyłam do sitka i odsączyłam, dodając sól. Podobnie zrobiłam z burakami, przyprawiając je szczyptą pieprzu. Warzywa przełożyłam do miski. W szklance ubiłam jajka i wymieszałam je z warzywami, dorzucając starty ser i przyprawy oraz orzechy. Foremkę prostokątną wyłożyłam papierem do pieczenia i przełożyłam do niej masę. Piekarnik nagrzałam do 180°C (z funkcją termoobiegu) Piekłam 30 minut.

WARZYWNE CHIPSY

(przekąska – przegryzka)

CHIPSY Z JARMUŻU

30 kcal

Kilka liści jarmużu dokładnie umyłam i skropiłam mieszanką oliwy i przypraw: lubczyku, majeranku, pieprzu i chilli. Piekłam 5 minut w 150°C (pilnowałam czasu!).

CHIPSY Z TOPINAMBURU

200 kcal

SKŁADNIKI:

- **4 topinambury**
- **oliwa**
- **przyprawy: sól morska, tymianek, rozmaryn, pieprz czarny**

PRZYGOTOWANIE:

Umyte i pokrojone w cienkie talarki topinambury wyłożyłam na papier do pieczenia, skropiłam oliwą, posypałam ulubionymi przyprawami i piekłam w 180°C (z funkcją termoobiegu) aż do zarumienienia.

CHIPSY Z BURAKÓW

150 kcal

SKŁADNIKI:

- **buraki**
- **oliwa z oliwek**
- **sól morska, czosnek, tymianek lub inne przyprawy (według uznania)**

PRZYGOTOWANIE:

Piekarnik rozgrzałam do 180°C. Blachę wyłożyłam papierem do pieczenia. Buraki umyłam, obrałam i pokroiłam na cieniutkie talarki (najwygodniej przy użyciu odpowiedniej tarki). Talarki ułożyłam równomiernie na papierze, jeden obok drugiego, skropiłam delikatnie oliwą i posypałam przyprawami (według uznania). Piekłam 15–20 min, potem obróciłam podpieczone chipsy na drugą stronę i zapiekałam przez kolejne 10–20 min. Pilnowałam, żeby się nie przypaliły. Wyjęłam z piekarnika i przełożyłam do miseczki.

CHIPSY Z MARCHEWKI

220 kcal

SKŁADNIKI:

- **1–2 marchewki**
- **1½ łyżki oliwy**
- **ulubione przyprawy, np. sól, tymianek, słodka papryka, rozmaryn**

PRZYGOTOWANIE:

Marchewki obrałam, pokroiłam na cienkie talarki (najlepiej zrobić to przy użyciu specjalnej tarki). Skropiłam oliwą i posypałam ziołami. Rozgrzałam piekarnik do 200°C. Na blasze, na papierze do pieczenia ułożyłam marchewki i piekłam ok. 25 minut.

NIKE
NIKE

04 KASZE

517 kcal

CUKINIA
FASZEROWANA KOMOSĄ RYŻOWĄ

SKŁADNIKI (NA 2 PORCJE CUKINII):

- **100 g komosy ryżowej**
- **2 okrągłe cukinie**
- **1 czerwona papryka**
- **1 cebula**
- **5 kawałków pomidorów suszonych w zalewie**
- **10 oliwek**
- **20 g orzechów laskowych (lub innych)**
- **sól morska**
- **pieprz czarny**
- **tymianek**
- **1 łyżka oliwy z oliwek (lub oleju kokosowego)**

PRZYGOTOWANIE:

Przepłukałam komosę ryżową pod bieżącą wodą. Gotowałam ją w wodzie przez 10 minut, a następnie odstawiłam na bok. Cukinie dobrze umyłam, odcięłam im górną część, czyli „czapeczkę", i małą łyżeczką wydrążyłam środek. Pomidory suszone pokroiłam bardzo drobno, tak samo paprykę oraz miąższ z cukinii. Na patelni, na małym ogniu, poddusiłam na tłuszczu cebulę, dodałam paprykę, po chwili pomidory, miąższ cukinii i oliwki pokrojone w talarki. Rozgniotłam orzeszki na drobno i dodałam do warzyw, wszystko przełożyłam do komosy ryżowej i doprawiłam przyprawami. Farsz włożyłam do cukinii i piekłam ok. 15 minut w piekarniku rozgrzanym do 180°C (z funkcją termoobiegu, bez takiej funkcji – w temp. 160°C).

K
O
M

407 kcal

KOMOSA CZERWONA W BURAKU Z JAJEM NA MIĘKKO

SKŁADNIKI (DLA 2 OSÓB):

- 80–100 g komosy ryżowej
- 1 łyżka octu jabłkowego
- 2 jajka
- 1 duży ugotowany burak
- 2 łyżki oliwy z oliwek
- 1 pęczek szczypiorku
- 30 g pestek dyni
- sól morska
- pieprz cayenne

PRZYGOTOWANIE:

Komosę ryżową gotowałam ok. 10 minut w posolonej wodzie, w stosunku 1:2. Odstawiłam pod przykryciem. Burak utarłam na tarce (na małych oczkach), szczypiorek drobno posiekałam, dodałam ocet jabłkowy i oliwę. Wymieszałam z komosą ryżową. Wszystko doprawiłam przyprawami. Jajka ugotowałam na półtwardo (włożyłam je do garnka z zimną wodą, zagotowałam – gotowałam 3–3½ minuty), przekroiłam i ułożyłam na komosie ryżowej. Posypałam pestkami dyni.

385 kcal

KASZA OWSIANA NA WODZIE Z BAKALIAMI, POSYPANA LEŚNYMI OWOCAMI

zawiera gluten

SKŁADNIKI (DLA 1 OSOBY):

- ½ szklanki (ok. 50 g) kaszy owsianej (lub płatków owsianych – polecam bezglutenowe)
- 150 ml wody
- ½ łyżeczki cynamonu oraz wanilii i kardamonu
- 1 łyżeczka oleju kokosowego
- 1 łyżeczka miodu
- garść bakalii: orzechy, żurawina lub rodzynki, figi
- garść kwaśnych owoców: jeżyn, porzeczek, borówki amerykańskiej/jagód

PRZYGOTOWANIE:

Kaszę (mogą być płatki) namoczyłam na noc w gorącej wodzie (tyle wody, aby przykryła kaszę). Rano przełożyłam ją do garnka i zalałam ciepłą wodą. Gotowałam, dodając bakalie (moczone wcześniej we wrzątku ok. 30 minut, można to zrobić dzień wcześniej). Kaszę przełożyłam do miseczki, dodałam miód, olej kokosowy i przyprawy, a na wierzch położyłam kwaśne owoce.

840 kcal

CHLEB Z KASZY GRYCZANEJ Z RODZYNKAMI

SKŁADNIKI:

- 1 filiżanka mąki gryczanej
- 1 filiżanka ugotowanej niepalonej kaszy gryczanej
- 1 filiżanka ugotowanej palonej kaszy gryczanej
- ¾ filiżanki rodzynek
- 2 łyżki stołowe zmielonego imbiru
- 1½ łyżeczki ziaren anyżu
- 3 filiżanki wody
- 2 łyżki masła ghee
- 2 łyżeczki lecytyny

PRZYGOTOWANIE:

Kasze zmieszałam z mąką i gotowałam w niewielkiej ilości wody, na malutkim ogniu, przez 30 minut. Potem dodałam rodzynki, imbir, anyż, masło i sól. Wyrabiałam aż wszystkie składniki dobrze się połączyły. Przełożyłam do foremki wysmarowanej masłem ghee. Piekłam w 180°C przez 30 minut (do uzyskania złotego koloru).

489
kcal

OWSIANKA
NA SŁODKO

SKŁADNIKI (DLA 2 OSÓB):

- 100 g płatków owsianych bezglutenowych
- 2 łyżki wiórków kokosowych
- 1 banan
- 2 łyżki syropu klonowego lub miód
- 1 łyżka siemienia lnianego
- 2 łyżki jagód
- kilka pestek granatu
- 1 truskawka
- 200 ml mleka roślinnego
- 1 laska wanilii
- garść migdałów (do posypania)

PRZYGOTOWANIE:

Płatki podgrzałam na mleku roślinnym, dodałam siemię lniane, laskę wanilii oraz syrop klonowy i wiórki kokosowe. Wymieszałam i przełożyłam do miseczki. Na wierzchu ułożyłam pokrojonego w plasterki banana i truskawkę i całość posypałam migdałami, jagodami i granatem.

422 kcal

ZAPIEKANKA Z KASZY JAGLANEJ Z WARZYWAMI

SKŁADNIKI (DLA 3 OSÓB):

- **200 g suchej kaszy jaglanej**
- **3 jajka**
- **1 por (biała część)**
- **150 g brokułów**
- **1 cebula**
- **10 pomidorków koktajlowych**
- **1 łyżeczka kurkumy**
- **½ łyżeczki soli morskiej**
- **½ łyżeczki pieprzu cayenne**
- **2 łyżki oleju kokosowego**

PRZYGOTOWANIE:

Kaszę jaglaną przepłukałam pod zimną bieżącą wodą i przelałam wrzątkiem. Gotowałam ok. 20 minut w posolonej wodzie, w stosunku 1:2 (jeśli woda szybko się wchłonie, trzeba dolać). Odstawiłam pod przykrywką.

Na patelni rozpuściłam olej kokosowy, dorzuciłam cebulę pokrojoną na drobno, por w talarki oraz brokuł podzielony na różyczki. Do robota kuchennego włożyłam kaszę jaglaną, jajka i chwilę blendowałam, ale nie na najwyższych obrotach (kasza nie powinna zmienić konsystencji). Dodałam warzywa, przyprawy i wymieszałam. Przełożyłam masę do foremki, na wierzchu ułożyłam pomidorki i piekłam ok. 45 minut w 180°C. Pozostawiłam jeszcze przez chwilę w piekarniku.

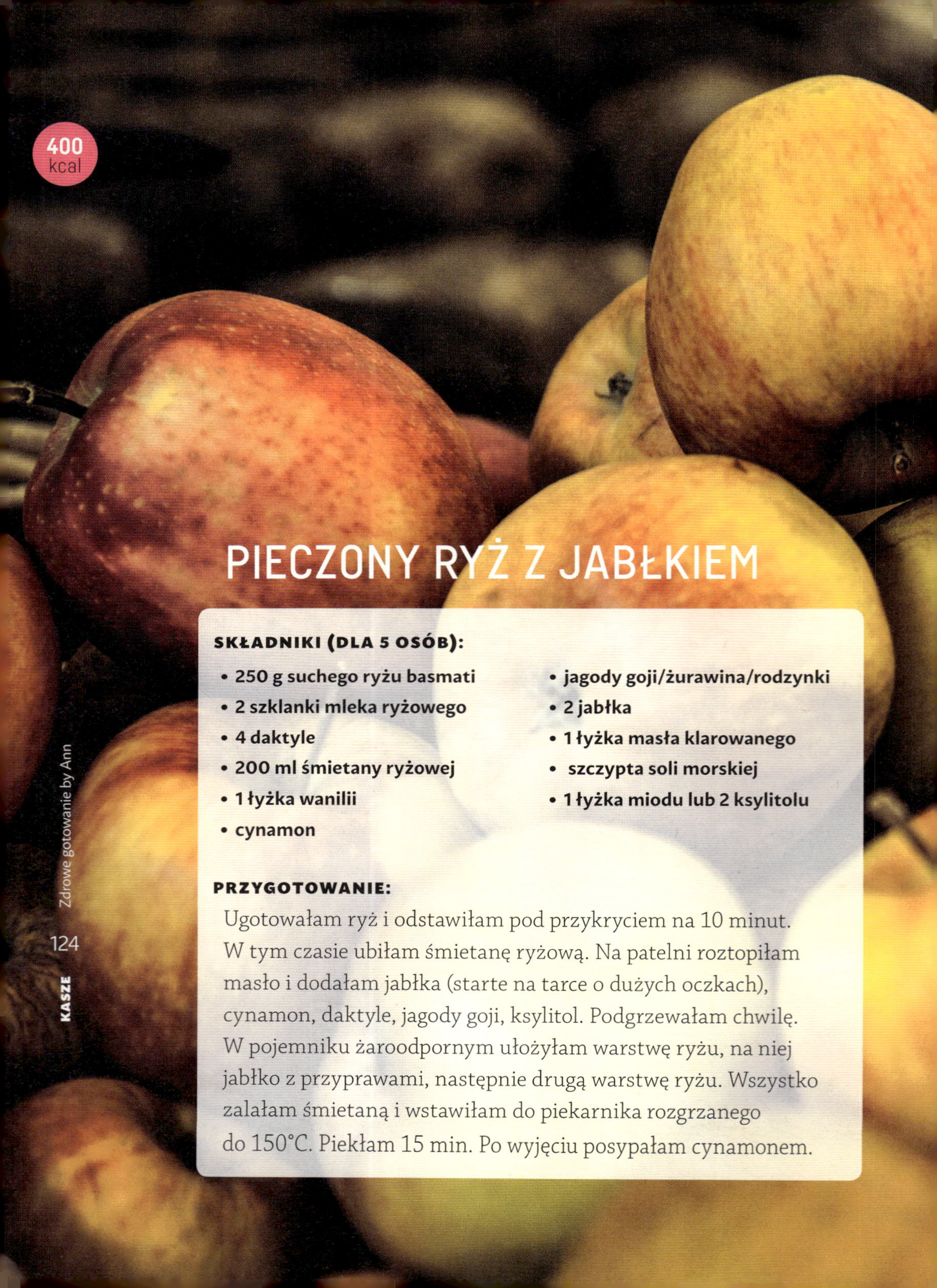

400 kcal

PIECZONY RYŻ Z JABŁKIEM

SKŁADNIKI (DLA 5 OSÓB):

- 250 g suchego ryżu basmati
- 2 szklanki mleka ryżowego
- 4 daktyle
- 200 ml śmietany ryżowej
- 1 łyżka wanilii
- cynamon
- jagody goji/żurawina/rodzynki
- 2 jabłka
- 1 łyżka masła klarowanego
- szczypta soli morskiej
- 1 łyżka miodu lub 2 ksylitolu

PRZYGOTOWANIE:

Ugotowałam ryż i odstawiłam pod przykryciem na 10 minut. W tym czasie ubiłam śmietanę ryżową. Na patelni roztopiłam masło i dodałam jabłka (starte na tarce o dużych oczkach), cynamon, daktyle, jagody goji, ksylitol. Podgrzewałam chwilę. W pojemniku żaroodpornym ułożyłam warstwę ryżu, na niej jabłko z przyprawami, następnie drugą warstwę ryżu. Wszystko zalałam śmietaną i wstawiłam do piekarnika rozgrzanego do 150°C. Piekłam 15 min. Po wyjęciu posypałam cynamonem.

442 kcal

CZERWONY RYŻ Z OWOCAMI

(dla aktywnych, po treningu)

SKŁADNIKI (DLA 2 OSÓB):

- 130 g czerwonego ryżu
- 1 zielona cukinia
- 1 szklanka jagód
- 2 gałązki rozmarynu
- szczypta tymianku
- szczypta cynamonu
- szczypta kurkumy
- kilka listków mięty
- 1 łyżeczka soku z cytryny
- 1 łyżka oleju kokosowego
- 1 awokado

PRZYGOTOWANIE:

Na patelni rozpuściłam olej, dodałam ryż i podgrzewałam przez 2 minuty. Następnie przełożyłam do garnka i gotowałam ok. 30 minut w 300 ml wody. Pozostawiłam pod przykryciem, żeby ryż napęczniał. Cukinię umyłam, pokroiłam na drobne kawałki i dusiłam chwilkę na patelni z odrobiną wody, tak aby cukinia zrobiła się półtwarda. Do ugotowanego ryżu dodałam cukinię, rozmaryn, tymianek, kurkumę i cynamon. Wszystko wymieszałam, dodając jagody oraz kilka listków mięty. Awokado przekroiłam na pół, usunęłam pestkę i grillowałam na patelni grillowej ok. 5 minut. Podałam ryż w miseczce, a obok awokado skropione cytryną.

523 kcal

RYŻOWIANKA

SKŁADNIKI (DLA 2 OSÓB):

- **150 g płatków ryżowych**
- **100 ml mleka kokosowego**
- **100 ml innego mleka roślinnego**
- **1½ łyżki miodu**
- **50 g żurawiny**
- **domowa granola (przepis na str. 255 w „Deserach")**
- **2 łyżki wiórków kokosowych**
- **borówki do dekoracji lub inne leśne owoce**
- **wanilia, cynamon**
- **łyżka oleju kokosowego**

PRZYGOTOWANIE:

Do garnuszka wlałam mleka, wsypałam płatki i gotowałam do miękkości. Dodałam przyprawy, miód, wiórki kokosowe i żurawinę, jeszcze chwilę podgrzewałam, a na koniec dodałam granolę i udekorowałam leśnymi owocami.

RISOTTO Z DYNIĄ NA MLECZKU KOKOSOWYM

586 kcal

SKŁADNIKI (DLA 2 OSÓB):

- 150 g ryżu arborio (ryżu na risotto)
- 150 ml mleczka kokosowego
- 100 ml wody kokosowej
- 100 ml wina białego wytrawnego
- 400 g dyni
- 25 g imbiru (utartego)
- 2 cebule
- sól morska
- ½ łyżeczki cynamonu
- ½ łyżeczki pieprzu cayenne
- 1 łyżka oleju kokosowego
- 2 łyżki sosu sojowego (bezglutenowego)
- parmezan (do posypania, opcjonalnie)

PRZYGOTOWANIE:

Dynię ze skórką przekroiłam na 4 części i piekłam w piekarniku ok. 40 minut w 180°C. Wyjęłam z piekarnika, pokroiłam w małe kosteczki i pozbyłam się skóry.

Na patelni zeszkliłam cebulę na oleju kokosowym wraz ze startym imbirem (aż do miękkości). Do tego dodałam ryż i prażyłam, aż zrobił się przezroczysty, cały czas delikatnie mieszając. Zapiekałam przez 2 minuty na małym ogniu, dodałam wino. Następnie dolałam wodę kokosową, a po kilku minutach mleko kokosowe. Gotowałam na małym ogniu ok. 20 minut, ciągle mieszając, aby ryż się nie przypalił. Potem dodałam upieczoną dynię, sól, pieprz, cynamon, sos sojowy i wszystko wymieszałam.

RADA: Risotto powinno mieć kremową konsystencję. Jeśli nadal jest twarde, trzeba dodać wody i jeszcze chwilę podgotować. Na koniec można posypać parmezanem.

416 kcal

KOTLECIKI Z JABŁKIEM Z KASZY JAGLANEJ

SKŁADNIKI (DLA 3 OSÓB):

- **2 szklanki startego jabłka**
- **1½ szklanki ugotowanej kaszy jaglanej**
- **½ szklanki siemienia lnianego**
- **½ szklanki sezamu**
- **3 łyżki oleju kokosowego**
- **3 łyżki mąki ziemniaczanej**
- **1 łyżeczka cynamonu**
- **1/4 łyżeczki chilli**
- **łyżeczka ksylitolu (opcjonalnie)**

PRZYGOTOWANIE:

Kaszę ugotowałam i odcedziłam. Dodałam do niej jabłka (starte na średnich oczkach tarki) oraz świeżo zmielone siemię lniane i sezam. Wszystko lekko i krótko poddusiłam. Dodałam olej kokosowy i przyprawy, a na koniec mąkę ziemniaczaną (jeśli masa jest zbyt wodnista, trzeba ją odsączyć, można też dodać więcej mąki). Z masy formowałam kotleciki i układałam je w foremce, by mieć pewność, że się nie rozpadną. Piekłam pół godziny w 180°C.

492 kcal

RISOTTO Z PIECZARKAMI

SKŁADNIKI (DLA 4 OSÓB):

- **40 g masła klarowanego**
- **1 l rosołu (przepis na str. 80 w „Zupach")**
- **300 g ryżu do risotto (arborio)**
- **100 g pieczarek**
- **100 ml wytrawnego białego wina (opcjonalnie)**
- **1 cebula**
- **1 łyżeczka kurkumy**
- **50 g płatków z migdałów**
- **40 g parmezanu**

PRZYGOTOWANIE:

Na patelni rozpuściłam masło klarowane i zeszkliłam drobno pokrojoną cebulę. Zmniejszyłam ogień i dodałam ryż, podsmażałam chwilę, aż zrobił się lekko przezroczysty, cały czas mieszałam. Następnie dodałam wino i gotowałam kilka minut, aż ryż wchłonął wino. Dodałam kurkumę i zaczęłam powoli dolewać bulion. Gotowałam ok. 20 minut, aż ryż zrobił się lekko miękki. Wcześniej, po 15 minutach gotowania, dodałam obrane i pokrojone w talarki pieczarki. Na koniec posypałam startym parmezanem i płatkami z migdałów.

345 kcal

POMIDOROWY RYŻ

(dodatek do potraw)

SKŁADNIKI (DLA 6 OSÓB):

- 500 g ryżu Basmati
- 1 l rosołu (przepis na str. 80 w „Zupach")
- 2 ząbki czosnku
- 3 łyżki oliwy lub oleju kokosowego
- 1 cebula
- 400 g pomidorów w zalewie
- ½ łyżeczki czerwonej papryki w przyprawie
- dwie garści rzeżuchy
- ½ łyżeczki kurkumy
- ½ łyżeczki oregano
- 10 g imbiru (utartego)

PRZYGOTOWANIE:

Ryż ugotowałam w rosole, dzięki czemu miał intensywny smak. Po ugotowaniu odstawiłam pod przykryciem, żeby napęczniał. Na patelni poddusiłam na tłuszczu drobno pokrojoną cebulę, czosnek wyciśnięty przez praskę oraz utarty imbir. Do paru minutach dodałam pomidory w zalewie i dusiłam kilka minut. Następnie dodałam ryż i wszystko wymieszałam, doprawiając przyprawami. Na wierzch położyłam rzeżuchę. Podałam ciepłe.

241 kcal

BEZGLUTENOWA PIZZA Z WARZYWAMI NA SPODZIE Z KOMOSY RYŻOWEJ

SKŁADNIKI (DLA 4 OSÓB):

- 1 kg dyni
- 2 małe cukinie zielone
- 1 mały bakłażan
- 10 pomidorków koktajlowych
- 2 cebule
- 1 jajko (lub wersja dla wegan: 2 łyżki nasion chia wymieszane w 4 łyżkach gorącej wody)
- liście świeżej bazylii
- sól morska
- czarny pieprz
- 1 łyżka oliwy
- 1½ szklanki ugotowanej komosy ryżowej (½ szklanki suchej komosy, ok. 100 g)
- szczypta tymianku

PRZYGOTOWANIE:

Warzywa dokładnie umyłam. Pokroiłam na małe kawałki dynię, cebulę, bakłażan, cukinię, pomidory i bazylię. Doprawiłam solą, pieprzem, tymiankiem, skropiłam oliwą. Wstawiłam do piekarnika rozgrzanego do 180°C (z funkcją termoobiegu lub 160°C – bez funkcji termoobiegu). Piekłam ok. 25 minut.

W tym czasie przygotowałam spód: wymieszałam komosę ryżową, jajko, pieprz, sól. Uformowałam ciasto na papierze do pieczenia (można w formie o średnicy 20 cm). Piekłam ok. 30 minut. Następnie dodałam warzywa i zapiekałam jeszcze ok. 10 minut.

411 kcal

WYTRAWNA JAGLANKA DO PRACY

SKŁADNIKI (DLA 2 OSÓB):

- 150 g suchej kaszy jaglanej
- 1 duża cukinia
- 2 marchewki
- 1 pomidor
- 4 kawałki pomidorów suszonych w zalewie
- 1 łyżka sezamu
- 1 gałązka rozmarynu
- 1 pęczek koperku
- 1 pęczek natki pietruszki
- garść kiełków (dowolnych)
- 1 łyżka oleju kokosowego

SOS:

- ½ cytryny
- 1 łyżka syropu klonowego
- 3–4 łyżki oliwy
- 1 łyżka octu balsamicznego
- pieprz czarny
- garść szpinaku lub rukoli

PRZYGOTOWANIE:

Kaszę jaglaną przepłukałam pod zimną bieżącą wodą i przelałam wrzątkiem. Gotowałam ok. 20 minut w osolonej wodzie, w stosunku 1:2 (jeśli woda szybko się wchłonie, należy dolać). Odstawiłam pod przykrywką. Marchewkę pokroiłam w talarki, na patelni rozpuściłam olej kokosowy i na małym ogniu poddusiłam warzywo. Po kilku minutach dodałam cukinię. Pietruszkę i koperek pocięłam bardzo drobno i dodałam do kaszy wraz z przyprawami, solą i pieprzem. Przełożyłam do naczynia, dodałam warzywa: marchewkę, cukinię, pokrojony drobno pomidor – świeży oraz suszony. Do pojemnika do blendowania dodałam zielone liście, syrop klonowy, przyprawy, ocet i miksowałam, wlewając sok z cytryny i oliwę do momentu uzyskania konsystencji sosu (jeśli jest zbyt gęsty, trzeba dolać odrobinę wody). Sos wylałam na sałatkę, posypując wierzch sezamem i kiełkami.

400 kcal

JAGLANKA Z DAKTYLAMI

SKŁADNIKI (DLA 2 OSÓB):

- **100 g kaszy jaglanej**
- **50 g żurawiny zalanej wrzątkiem**
- **3–4 daktyle**
- **orzechy (dowolne), pestki dyni i słonecznika**
- **1 łyżka masła klarowanego**
- **przyprawy korzenne**
- **szczypta kurkumy**
- **1 łyżka miodu/syropu klonowego**
- **świeże owoce kwaśne, np. granat, jeżyna, jagoda, borówka amerykańska, porzeczka**

PRZYGOTOWANIE:

Kaszę wypłukałam pod zimną bieżącą wodą, następnie przelałam wrzątkiem. Gotowałam przez 15 minut w osolonej wodzie, w stosunku 1:2 (jeśli woda szybko się wchłonie, trzeba dolać). Po kilku minutach dodałam pokrojone na bardzo drobno daktyle bez pestek, żurawinę (wcześniej moczyłam suszone owoce we wrzątku ok. 30 minut) oraz przyprawy. Dodałam masło klarowane. (Żeby uzyskać bardziej budyniową masę, można całość zmiksować). Wyłożyłam do miseczek, dodałam sezonowe owoce i miód, posypałam pestkami i orzechami.

475 kcal

KAKAOWE NALEŚNIKI Z MĄKI GRYCZANEJ, ULUBIONE MOJEGO BRATA (Z DWOMA FARSZAMI DO WYBORU)

SKŁADNIKI (DLA 2 OSÓB):

- 120 g zmielonej kaszy gryczanej lub mąki gryczanej
- 300 ml mleka roślinnego lub 150 ml mleka roślinnego + 150 ml wody
- 2 jajka (możesz je zastąpić „jajkami" ze zmielonego siemienia lnianego)
- szczypta soli morskiej
- szczypta cynamonu
- 1 łyżka kakao 80-procentowego
- olej koksowy (do smażenia)

180 kcal

MUS GRUSZKOWO-BANANOWY

SKŁADNIKI:

- 1 dojrzały banan
- 2 małe gruszki
- 3 łyżki soku z cytryny
- 1 łyżka cynamonu

112 kcal

MUS MANDARYNKOWY

SKŁADNIKI:

- 1 łyżka ksylitolu
- 200 g mandarynek
- kilka kropel soku z cytryny
- 5 łyżek wody
- wanilia, cynamon

healthy

PRZYGOTOWANIE:

Ciasto na naleśniki: wszystkie składniki zmiksowałam blenderem. Na patelni rozpuściłam olej kokosowy i rozlałam ciasto. Po kilku minutach obróciłam naleśnik. Nakładałam mus i rolowałam.

MUS NR 1:

Obrałam gruszki i usunęłam gniazda nasienne. Obrałam banan i pokroiłam na małe kawałki. Włożyłam owoce do garnuszka, dusiłam na małym ogniu. Dodałam sok z cytryny oraz cynamon. Dokładnie zblendowałam, aż uzyskałam jednolitą konsystencję.

MUS NR 2:

Dusiłam owoce z ksylitolem pod przykryciem, potem zmiksowałam wszystkie składniki.

350 kcal

PASZTET Z KASZY JAGLANEJ Z WARZYWAMI

SKŁADNIKI (DLA 1 OSOBY):

- 1 szklanka ugotowanej kaszy jaglanej (ugotowanej z liściem laurowym)
- 2 marchewki
- 1 por
- kawałek selera
- 1 duży korzeń pietruszki
- 1 cebula
- kilka ząbków czosnku
- przyprawy: tymianek, majeranek, sól, pieprz, koperek, kilka zmielonych orzechów włoskich

PRZYGOTOWANIE:

Cebulę i czosnek poddusiłam na małym ogniu. Dodałam pozostałe warzywa pokrojone w kostkę i dusiłam jeszcze 15 minut, dorzucając przyprawy. Wszystko zmiksowałam z kaszą. Wyłożyłam do formy i piekłam 40 minut w 190°C.

420 kcal

BURGER Z KASZY GRYCZANEJ W SOSIE PIECZARKOWYM

SKŁADNIKI (DLA 3 OSÓB):

- **200 g kaszy gryczanej niepalonej**
- **1 duża cebula**
- **150 g pieczarek**
- **1 jajko**
- **3 łyżki mąki ziemniaczanej**
- **szczypta soli morskiej**
- **szczypta pieprzu czarnego**
- **szczypta kurkumy**
- **2 łyżki oleju kokosowego**
- **½ pęczka koperku**

SOS:

- **200 g pieczarek**
- **1 łyżka oliwy**
- **1 ząbek czosnku**
- **1 mała cebula**
- **½ pęczka koperku**
- **100 ml mleka roślinnego**

PRZYGOTOWANIE:

Kaszę gryczaną gotowałam przez 20 minut w osolonej wodzie. Na patelni poddusiłam cebulkę. Pieczarki pokroiłam bardzo drobno i dodałam do cebuli. Jeszcze chwilę dusiłam. Do kaszy gryczanej wbiłam jajko, dodałam warzywa i wszystko wymieszałam. Na koniec dodałam drobno posiekany koperek oraz przyprawy. Uformowałam kotleciki i wrzuciłam je na patelnię na rozgrzany olej kokosowy. Smażyłam kilka minut po każdej stronie, na mocnym ogniu.

SOS:

Na patelni poddusiłam na oleju cebulkę i czosnek, dodałam pokrojone na 4 części pieczarki i dusiłam kilka minut, następnie dodałam mleko roślinne i koperek. Polałam tym sosem kotlety.

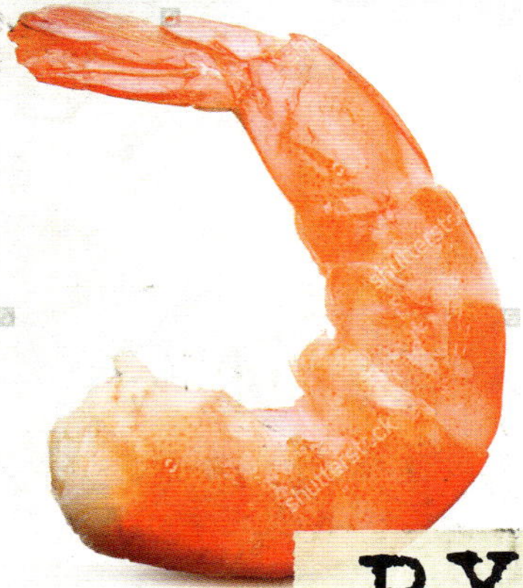

05 RYBY I OWOCE MORZA

230 kcal

GRILLOWANY OKOŃ Z MASŁEM ZIOŁOWYM

SKŁADNIKI (DLA 3–4 OSÓB):

- 3–4 filety z okonia
- 4 łyżki masła klarowanego
- ½ pęczka koperku
- 1 ząbek czosnku
- 1 łyżeczka szczypiorku
- 1 łyżeczka estragonu
- szczypta soli morskiej
- szczypta pieprzu
- gałka muszkatołowa
- imbir
- kilka kropel soku z cytryny

PRZYGOTOWANIE:

Masło zmiksowałam z koperkiem, przyprawami i czosnkiem wyciśniętym przez praskę. Umyłam filety, dodałam do nich soli morskiej, pieprzu i skropiłam cytryną. Następnie natarłam delikatnie masłem, ponacinałam i włożyłam na grilla. Piekłam po obu stronach. Podawałam z grillowanymi warzywami.

400 kcal

HALIBUT NA PARZE W IMBIRZE Z GROSZKOWYM PURÉE

SKŁADNIKI (DLA 2 OSÓB):

- **2 łodygi selera naciowego**
- **100 g młodego szpinaku**
- **kilka listków mięty**
- **12 g startego imbiru**
- **2 filety z halibuta (po ok. 150 g każdy)**
- **2 szklanki groszku mrożonego**
- **kilka gałązek rozmarynu**
- **sól morska**
- **pieprz**

PRZYGOTOWANIE:

Do rondelka wsypałam groszek, sól morską i pieprz, dodałam pół szklanki wody i gotowałam kilka minut. Kiedy groszek był miękki, dodałam do niego listki mięty i zmiksowałam.

W garnku zagotowałam wodę i położyłam na niego naczynie do gotowania na parze (można użyć parowaru). Starłam imbir, ułożyłam na rybie wraz z kilkoma listkami rozmarynu. Doprawiłam solą i pieprzem. Dookoła ułożyłam pokrojony seler naciowy. Gotowałam na parze 5–8 minut, sprawdziłam, czy ryba jest już gotowa.

Rybę podawałam na purée z groszku, z blanszowanym szpinakiem.

351 kcal

ŁOSOŚ W MIGDAŁACH

SKŁADNIKI (DLA 2 OSÓB):

- 2 filety z łososia
- 5 łyżek płatków migdałowych
- szczypta soli morskiej
- pieprz czarny
- tymianek
- sok z ½ cytryny

MIESZANKA DO SAŁATKI:

- rukola/szpinak (lub inna zielenina)
- pomidorki koktajlowe
- ocet balsamico
- oliwa
- oliwki

PRZYGOTOWANIE:

Rozgrzałam piekarnik do 200°C. Do miseczki włożyłam łososia, nasmarowałam go oliwą z oliwek, skropiłam kilkoma kroplami cytryny, doprawiłam solą i pieprzem. Blaszkę wyłożyłam papierem do pieczenia i na nim ułożyłam rybę, posypując tymiankiem i migdałami. Piekłam ok. 15 minut.

Podawałam rybę z sałatką z pomidorkami oraz dressingiem z octu balsamicznego i oliwy.

480 kcal

PSTRĄG W PAPIERZE

SKŁADNIKI (DLA 1 OSOBY):

- **1 duży pstrąg**
- **3 łyżki oliwy z oliwek**
- **kilka gałązek świeżego tymianku**
- **szczypta pieprzu**
- **szczypta słodkiej papryki**
- **sól morska**
- **3 plastry cytryny**

PRZYGOTOWANIE:

Do miseczki wlałam oliwę i dodałam do niej wszystkie przyprawy (marynata). Pstrąga dokładnie umyłam i ponacinałam w kształt litery X. Na zewnątrz natarłam marynatą, wlałam ją także do środka razem z 3 plastrami cytryny (taka mała ilość nie zaszkodzi przy połączeniu z białkiem), przełożyłam rybę na papier do pieczenia, kładąc na niej kilka gałązek tymianku. Zawinęłam w papier, obwiązując całość zwykłym sznurkiem (jak na zdjęciu). Piekłam w piekarniku ok. 30 minut w 180°C. Po wyjęciu ryby z piekarnika, pozostawiłam ją zawiniętą na talerzu przez 5 minut. Podawałam gorącą z cząstkami cytryny i sałatą.

400 kcal

RYBA MAŚLANA MARYNOWANA W LEKKIM SOSIE

SKŁADNIKI (DLA 2 OSÓB):

- **2 filety rybne**
- **100 g świeżych liści szpinaku**
- **sól morska**
- **pieprz czarny**
- **szczypta kurkumy**
- **kilka pomidorków koktajlowych**
- **1 duży por**

SOS:

- **sok z ½ cytryny**
- **1 łyżeczka musztardy Dijon**
- **2 łyżki oliwy**
- **kilka listków świeżej kolendry**
- **świeży tymianek**
- **szczypta chilli**

PRZYGOTOWANIE:

Wszystkie składniki na sos wymieszałam w miseczce i włożyłam do niego rybę. Marynowałam w lodówce ok. 1½ godziny. W tym czasie zblanszowałam szpinak i pokroiłam w talarki por. Marynowaną rybę ułożyłam w pojemniku na parę, posypałam przyprawami i rozłożyłam na niej por. Gotowałam na parze 10–15 minut. Na koniec rybę podsmażyłam beztłuszczowo na patelni, po 2 minuty z każdej strony. Podawałam na szpinaku z pomidorkami koktajlowymi.

GIVE UP

ANNA LEWANDOWSKA

340 kcal

RYBY W SOSIE CURRY

SKŁADNIKI (DLA 3 OSÓB):

- 300 g filetów z ryby, np. dorsza, sandacza (najlepiej z białej ryby)
- 200 g żółtej fasolki szparagowej
- 250 g mleczka kokosowego
- 10 g imbiru
- ½ pęczka natki pietruszki
- 2 łodygi selera naciowego
- 1 cebula
- 1 ząbek czosnku
- 1 łyżka oleju kokosowego lub masła klarowanego
- sól morska
- pieprz czarny
- ½ łyżeczki kurkumy
- szczypta kminku
- 1 łyżeczka curry
- szczypta chilli

PRZYGOTOWANIE:

Na głębokiej patelni rozpuściłam tłuszcz i poddusiłam pokrojoną drobno cebulę, czosnek oraz imbir. Dodałam mleczko kokosowe oraz przyprawy. Po kilku minutach od zagotowania dodałam łodygi selera naciowego pokrojonego w talarki i dusiłam przez kolejnych kilka minut. Fasolkę szparagową ugotowałam (żeby tylko nie była za miękka) w posolonej wodzie w osobnym garnku, następnie odcedziłam i dorzuciłam na patelnię z resztą produktów. Rybę pokroiłam na małe kawałki i dodałam do sosu. Gotowałam przez kilka minut. Podawałam na ciepło.

270 kcal

KREWETKI PIECZONE Z SOSEM OGÓRKOWYM

SKŁADNIKI (DLA 2 OSÓB):

- 300 g krewetek królewskich
- 3 łyżki masła klarowanego
- 2 limonki
- szczypta soli morskiej
- szczypta pieprzu czarnego
- szczypta chilli
- 2 ząbki czosnku
- 2 łyżki białego wina
- 2 łyżki octu jabłkowego

SOS:

- 1 duży ogórek
- 50 ml jogurtu roślinnego lub mleczka kokosowego
- posiekany szczypiorek
- posiekany koperek
- 1 łyżeczka soku z limonki
- sól morska
- pieprz czarny (do smaku)

PRZYGOTOWANIE:

Krewetki umyłam, obrałam i włożyłam do naczynia wraz z przyprawami: solą, pieprzem, chilli oraz posiekanym czosnkiem, octem jabłkowym i białym winem. Wymieszałam i odstawiłam na 30 minut.

W tym czasie rozgrzałam piekarnik do 180°C, blaszkę wyłożyłam papierem do pieczenia. Limonki sparzyłam wrzątkiem i cienko je pokroiłam (ze skórką). Na papier wyłożyłam masło i wstawiłam blaszkę na chwilę do piekarnika, by masło się rozpuściło. Potem wyjęłam blaszkę, ułożyłam na niej równo plasterki limonki i ponownie wstawiłam do piekarnika na ok. 5 minut, po czym znowu wyjęłam. Krewetki odsączyłam z zalewy, w której się moczyły i ułożyłam je na blaszce, na plastrach limonki. Piekłam ok. 10 minut.

Przygotowałam sos: starłam ogórek na tarce o małych oczkach, dodałam mleczko kokosowe, drobniutko posiekane koperek i szczypiorek, przyprawy. Wszystko wymieszałam.

Krewetki podawałam na sosie z ogórka.

285
kcal

PRZEGRZEBKI, CZYLI MAŁŻE ŚWIĘTEGO JAKUBA Z WARZYWAMI

(przepis bardzo prosty)

SKŁADNIKI (DLA 2 OSÓB):

- 12–16 przegrzebków
- 1 małe romanesco (lub mały brokuł)
- 1 mały kalafior
- 1 szklanka groszku zielonego
- 1 duża marchewka
- 1 kalarepa
- 1 łyżka masła klarowanego
- sól morska
- pieprz czarny

PRZYGOTOWANIE:

Przegrzebki przygotowałam beztłuszczowo na rozgrzanej patelni dodając jedynie sól – wystarczy 2 minuty z każdej strony (zamiast patelni można użyć elektrycznego grilla). Na koniec małże doprawiłam pieprzem. Warzywa ugotowałam na parze dodając masło klarowane, sól morską oraz pieprz. Kiedy przegrzebki były gotowe, ułożyłam obok nich warzywa, doprawiając wszystko pieprzem i solą.

DORSZ Z WARZYWAMI NA PARZE W SOSIE KOPERKOWYM

358 kcal

SKŁADNIKI (DLA 2 OSÓB)

- 2 filety z dorsza
- 2 młode cukinie
- 1 duża marchewka
- 1 żółta papryka
- 10 oliwek
- świeży tymianek
- listki bazylii
- sól morska
- pieprz czarny
- szczypta suszonego majeranku
- ½ cytryny lub limonki

SOS:

- 1 pęczek świeżego koperku
- 2 łyżki masła klarowanego
- sól morska
- 1 ząbek czosnku
- szczypta pieprzu cayenne lub chilli

PRZYGOTOWANIE:

Rybę umyłam i osuszyłam w papierowym ręczniku. Posoliłam, dodałam pieprz, kilka kropel cytryny, majeranek. Odstawiłam na 30 minut. Warzywa umyłam i pokroiłam. W pojemniku do gotowania na parze ułożyłam warzywa, a na nich rybę. Posypałam świeżym tymiankiem i bazylią (zioła można włożyć do garnka z wodą, aby aromat przeszedł podczas parowania na warzywa i rybę). Gotowałam 10–15 minut.

W tym czasie przygotowałam sos: w rondelku rozpuściłam masło klarowane, dodałam czosnek wyciśnięty przez praskę, przyprawy i drobno posiekany koperek. Ugotowane warzywa przełożyłam na talerz, na nich ułożyłam rybę i wszystko polałam sosem koperkowym.

453 kcal

SZASZŁYKI Z ŁOSOSIEM

(przepis bardzo prosty)

SKŁADNIKI (DLA 2 OSÓB):

- 2 filety z łososia
- 1 papryka czerwona
- 1 cukinia
- 4 pieczarki
- 1 cebula
- 1 ząbek czosnku
- pomidorki koktajlowe
- tymianek
- majeranek
- sól morska
- pieprz czarny
- oliwa z oliwek

PRZYGOTOWANIE:

Filety dokładnie umyłam i pokroiłam na kawałeczki 2 × 2 cm. Do naczynia wlałam oliwę, dodałam przyprawy i czosnek wyciśnięty przez praskę, włożyłam rybę i odstawiłam na ok. 30 minut. Warzywa dokładnie umyłam i pokroiłam na kawałeczki, a obrane pieczarki na 3 części lub na pół. Nadziewałam na zmianę warzywa z rybą. Włożyłam do żaroodpornego naczynia (można na natłuszczoną blaszkę), polałam sosem z marynaty. Piekłam ok. 15 minut w piekarniku rozgrzanym do 220°C.

340 kcal

SANDACZ Z BLANSZOWANYMI WARZYWAMI

SKŁADNIKI (DLA 2 OSÓB):

- 300–350 g filetów sandacza
- 1 cukinia
- 1 marchew
- 1 cebula
- 1 papryka (dowolny kolor)
- 1 ząbek czosnku
- 2 łyżki oliwy
- szczypta soli morskiej
- szczypta tymianku
- szczypta pieprzu czarnego
- ½ cytryny

PRZYGOTOWANIE:

Do miseczki wlałam oliwę, dodałam sól, pieprz czarny, kilka kropel cytryny i tymianek. Włożyłam rybę i pozostawiłam na 30 minut. Następnie piekłam w piekarniku 20–25 minut w 180°C. Ostatnie 5 minut grillowałam sandacza w odległości 10–15 cm od rozżarzonych grzałek (można podsmażyć na patelni z obu stron na odrobinie oliwy, aby z zewnątrz był chrupiący. Można również piec rybę w papierze do pieczenia, wtedy będzie bardziej soczysta). Do gotującej się w garnku wody dodałam warzywa i je blanszowałam.

CO TO WŁAŚCIWIE JEST
BLANSZOWANIE?

To zanurzenie produktu we wrzącej wodzie na kilka chwil, a następnie zahartowanie go w lodzie lub bardzo zimnej wodzie. Dzięki takiej obróbce warzywa i owoce zachowują cenne witaminy i minerały, a pozbywają się szkodliwych dla nas substancji. Blanszowanie pozwala też zachować kolor i przedłuża trwałość produktów, dlatego warto blanszować je przed zamrożeniem.

MIĘSA

06

306
kcal

BURGER

SKŁADNIKI (DLA 2 OSÓB):

- **500 g mielonego mięsa kurczaka (lub indyka)**
- **tymianek, rozmaryn, kurkuma, pieprz, chilli, bazylia**
- **sól morska i pieprz (do smaku)**
- **1 dojrzałe awokado**
- **duża garść baby szpinaku, roszponki lub normalnej sałaty**
- **1 pokrojony duży pomidor (ja lubię malinowe ☺)**
- **2 plasterki boczku (upieczonego w piekarniku)**
- **olej kokosowy (do smażenia)**

PRZYGOTOWANIE:

Do mięsa dodałam przyprawy, dobrze wszystko wymieszałam i ugniotłam, uformowałam burgery. Smażyłam na oleju kokosowym. Boczek piekłam przez kilka minut w piekarniku w 180°C. Obrałam pomidor i awokado, pokroiłam, ułożyłam wraz z sałatą i szpinakiem na burgerze.

well
DONE

388 kcal

JAGNIĘCINA W PRZYPRAWACH

SKŁADNIKI (DLA 2 OSÓB):

- **300 g jagnięciny z kością**
- **⅓ szklanka soli morskiej**
- **¼ szklanki świeżo zmielonego pieprzu czarnego**
- **¼ szklanki sproszkowanego czosnku**
- **1 łyżka cynamonu**
- **2 łyżki kminku mielonego**
- **1 łyżka pieprzu cayenne**
- **2 łyżki rozmarynu**
- **½ szklanki lawendy suszonej**
- **½ szklanki oliwy z oliwek**

PRZYGOTOWANIE:

Wszystkie składniki (oprócz mięsa) dokładnie wymieszałam. Umyte mięso zanurzyłam w marynacie i wstawiłam na godzinę do lodówki, w żaroodpornym naczyniu. Rozgrzałam piekarnik do 180°C. Jeszcze raz przemieszałam marynatę i wszystko wstawiłam do piekarnika. Piekłam 40 minut. Kiedy mięso się zarumieniło, wystawiłam. Gotowe!

360 kcal

POTRAWKA Z KACZKI Z WARZYWAMI

SKŁADNIKI (DLA 2 OSÓB):

- 300 g mięsa kaczki
- ok. 15 pomidorków koktajlowych
- ½ papryki żółtej
- ½ papryki czerwonej
- 1 marchewka
- kilka różyczek kalafiora
- ½ cukinii zielonej
- 1 łyżka octu jabłkowego (uszczelnia jelita, kwaskowaty smak polepsza wchłanianie substancji odżywczych)
- przyprawy (każdej po szczypcie): kurkuma, lubczyk, tymianek, sól morska, pieprz, papryka czerwona, chilli, curry

PRZYGOTOWANIE:

Mięso z kaczki ugotowałam z kośćmi na energetyczny rosół (przepis na str. 80). Pierś wyjęłam z zupy i podzieliłam na drobne kawałki. Na głęboką patelnię wrzuciłam warzywa: cukinię pokrojoną w drobne talarki, marchewkę i paprykę, pokrojone w kwadraty oraz kilka różyczek kalafiora. Dusiłam pod przykryciem dodając przyprawy. Kiedy warzywa były półmiękkie, dodałam pomidorki oraz przygotowane wcześniej mięso i jeszcze chwilę dusiłam, dolewając w trakcie ocet jabłkowy.

250 kcal

PAŁKI KURZE Z IMBIREM

SKŁADNIKI (DLA 3 OSÓB):

- 6 pałek kurczaka
- ½ szklanki sosu sojowego
- 2 łyżki miodu
- ½ szklanki oliwy
- sok z limonki
- ½ łyżeczki imbiru (drobno posiekanego)

PRZYGOTOWANIE:

Z oliwy, sosu sojowego, miodu, soku z limonki i imbiru zrobiłam marynatę i wlałam ją do brytfanki. Przełożyłam do niej umyte pałki (bez skóry), dokładnie je smarując marynatą. Piekłam 45 minut w 200°C. Co jakiś czas przekładałam pałki na drugą stronę. Podawałam z mieszanką sałat i plastrami cytryny.

400 kcal

STEK

SKŁADNIKI (DLA 1 OSOBY):

- 250 g wołowiny
- 1 gałązka rozmarynu
- 1 łyżka masła klarowanego
- 1 ząbek czosnku drobno pokrojony
- sól himalajska
- pieprz czarny

PRZYGOTOWANIE:

Surowy stek dokładnie umyłam i osuszyłam papierowym ręcznikiem, posypypałam solą i pieprzem. Papierem nasączonym oliwą natarłam grillową patelnię i mocno ją rozgrzałam. Wrzuciłam na nią mięso (nie dociskamy go, by nie traciło soków). Po dwóch minutach odwróciłam stek i posmarowałam odrobiną masła klarowanego z czosnkiem i rozmarynem. Ponownie odwróciłam i znowu smażyłam (poziom wysmażenia zależy od indywidualnych upodobań, mnie zajęło to ok. 6 minut). Podawałam ze szpinakiem (można z innymi warzywami, według uznania).

460
kcal

POTRAWKA Z INDYKA W MLEKU KOKOSOWYM

SKŁADNIKI (DLA 2 OSÓB):

- **2 filety z indyka**
- **1 żółta papryka**
- **100 g pieczarek (lub innych grzybów)**
- **100 g szpinaku**
- **2 ząbki czosnku**
- **sok z ½ cytryny**
- **250 ml mleka kokosowego**
- **25 g imbiru**
- **2 łyżki curry**
- **sól i pieprz (do smaku)**
- **garść kiełków fasoli mung**

PRZYGOTOWANIE:

Na rozgrzanym tłuszczu poddusiłam drobno pokrojoną cebulę i czosnek oraz starty imbir. Po chwili dodałam pokrojone w talarki pieczarki. Z papryki pozbyłam się gniazda nasiennego i drobno ją pokroiłam. Filety pokroiłam na drobne kawałki, przełożyłam na patelnię wraz z papryką i zalałam mlekiem kokosowym. Dusiłam z przyprawami. Następnie dodałam posiekany szpinak i jeszcze chwilkę dusiłam. Dodałam kilka kropel soku z cytryny. Mięso przełożyłam do salaterek wraz z sosem i posypałam kiełkami.

280 kcal

TATAR

SKŁADNIKI (DLA 2 OSÓB):

- **250 g wołowiny**
- **1 łyżka oliwy**
- **szczypta soli**
- **szczypta pieprzu**
- **1 łyżeczka octu balsamicznego**

DODATKI DO TATARA:

- **1 cebula (drobno posiekana)**
- **kapary (drobno pokrojone)**
- **grzybki (np. kurki)**
- **szczypiorek**
- **1 żółtko jaja**

PRZYGOTOWANIE:

Wołowinę umyłam, drobno pokroiłam (najpierw w cienkie paski, a następnie w kosteczkę, krojony własnoręcznie tatar ma zupełnie inny smak niż zmielony). Podczas krojenia dodałam odrobinę oliwy, soli i pieprzu oraz octu balsamicznego.

320 kcal

GULASZ JAGNIĘCY

SKŁADNIKI (DLA 3 OSÓB):

- 400 g mięsa jagnięcego na gulasz (np. z łopatki)
- 500 ml bulionu
- 2 łyżki masła ghee
- ½ czerwonej papryki
- ½ żółtej papryki
- 1 marchewka
- kurkuma, kumin
- 3 łyżki octu jabłkowego
- 1 cebula
- 1 ząbek czosnku
- pieprz, sól

PRZYGOTOWANIE:

W szerokim rondlu o grubym dnie roztopiłam masło ghee. Wypłukane i osuszone mięso pokroiłam w kostkę i wrzuciłam na rozgrzane masło. Po chwili dodałam cebulę i ząbek czosnku. Podsmażyłam krótko. Mięso zalałam bulionem, dodałam przyprawy i ocet jabłkowy. Na koniec dorzuciłam pokrojoną marchew i obie papryki. Całość dusiłam na mniejszym ogniu około 2 godzin.

265 kcal

SZASZŁYKI MIĘSNE

(NA GRILLOWĄ UCZTĘ)

SKŁADNIKI (NA 8 SZTUK):

- **4 plastry karczku wołowego**
- **250 g boczku wędzonego**
- **1 cukinia**
- **3 papryki: czerwona, żółta, zielona**
- **3 cebule**

MARYNATA:

- **oliwa**
- **ocet balsamiczny**
- **1 łyżka musztardy**
- **2–3 ząbki czosnku**
- **sól, pieprz, papryka, majeranek, estragon**

PRZYGOTOWANIE:

Składniki na marynatę wymieszałam w miseczce. Mięso dokładnie umyłam, osuszyłam i pokroiłam w małe kostki. Zalałam je marynatą i odłożyłam do lodówki na 1 godzinę. W tym czasie przygotowałam warzywa: paprykę pokroiłam w kostkę, cukinię i cebulę w plasterki. Na patyki nabijałam mięso, warzywa oraz boczek. Szaszłyki smarowałam marynatą, która została po mięsie. Grillowałam. Można też szaszłyki zrobić w piekarniku, piec w 180°C ok. 30 minut.

270 kcal

PASTA Z WĄTRÓBKI NA DYNI

SKŁADNIKI (DLA 2 OSÓB):

- **200 g wątróbki (np. drobiowej)**
- **1 szalotka (młoda cebula)**
- **1 ząbek czosnku**
- **1 liść laurowy**
- **2 łyżki masła**
- **szczypta soli morskiej**
- **pieprz czarny**
- **odrobina octu balsamicznego**
- **przyprawy: tymianek, pieprz, rozmaryn (według uznania)**
- **upieczona, pokrojona dynia (według upodobania co do ilości)**
- **mieszanka liści na sałatkę**

PRZYGOTOWANIE:

Dynię upiekłam przekrojoną w pół. Następnie pokroiłam ją w plastry, pozostawiając w skórce. Wątróbki dokładnie umyłam i osuszyłam papierowym ręcznikiem. Cebulę i czosnek zeszkliłam na maśle klarowanym. Dorzuciłam na patelnię wątróbki, sól, pieprz i liść laurowy, tymianek, rozmaryn. Podsmażałam ok. 4 minut, aby mięso się ścięło, ale nie podsuszyło. Odstawiłam do wystygnięcia. Wyjęłam liść laurowy. Wszystko zblendowałam i doprawiłam octem balsamicznym, solą i pieprzem.

135 kcal

KOTLETY Z INDYKA

SKŁADNIKI (DLA 4 OSÓB):

- 500 g chudego mięsa z indyka
- 4 boczniaki
- 1 cukinia
- kawałek pora
- ½ pęczka koperku
- ½ pęczka pietruszki
- szczypta soli
- szczypta pieprzu
- masło klarowane (do smażenia)
- czosnek, kolendra, kurkuma

PRZYGOTOWANIE:

Mięso zmieliłam. Na tarce starłam grzyby (boczniaki można zastąpić pieczarkami) oraz cukinię i por. Posiekałam koperek i pietruszkę na bardzo drobno. Wymieszałam mięso, warzywa, grzyby i przyprawy. Uformowałam kotlety. Na patelni rozpuściłam (na małym ogniu) masło klarowane. Zwiększyłam ogień i smażyłam kotleciki po kilka minut z każdej strony.

200 kcal

PASZTET Z WĄTRÓBKI DROBIOWEJ

SKŁADNIKI (DLA 2 OSÓB):

- 250 g kurzych wątróbek
- oliwa
- 1 cebula
- 2–3 łyżki czerwonego wina wytrawnego
- szczypta tymianku
- świeżo zmielona gałka muszkatołowa
- czarny pieprz
- sól morska

PRZYGOTOWANIE:

Na patelni rozgrzałam 3 łyżki oliwy. Dodałam tymianek i posiekaną cebulę. Dusiłam razem przez kilka minut (cebula musi się zeszklić i zmięknąć, ale nie powinna się zarumienić). Oczyściłam i osuszyłam wątróbki i dodałam do cebuli, podsmażałam do delikatnego zarumienienia. Dodałam wino i pozostałe składniki, wszystko dokładnie wymieszałam. Dusiłam przez 2 minuty. Całość przełożyłam do malaksera i zrobiłam gładką masę. Następnie małą foremkę posmarowałam tłuszczem i przełożyłam do niej masę. Delikatnie kilkukrotnie uderzałam foremką o stół, aby pasztet dobrze osiadł, po czym wstawiłam go do nagrzanego piekarnika. Piekłam w 180°C 20–25 minut. Po wyjęciu odstawiłam do ostygnięcia.

200
kcal

GRILLOWANY KURCZAK

SKŁADNIKI (DLA 8 OSÓB):

- 1½ kg piersi kurczaka (bez skóry)
- ½ szklanki octu balsamicznego
- ¼ szklanki oliwy
- 1 łyżka cukru kokosowego
- 2 gałązki rozmarynu
- 2 ząbki czosnku
- ¼ łyżeczki asafetydy
- ¼ łyżeczki suszonego tymianku
- ¼ łyżeczki suszonej bazylii
- sól morska i pieprz (do smaku)
- masło klarowane

PRZYGOTOWANIE:

W małej misce przygotowałam marynatę: wymieszałam ocet balsamiczny, oliwę, cukier kokosowy, rozmaryn, czosnek i przyprawy. Kurczaka włożyłam do dużego pojemnika z pokrywką, wlałam marynatę. Wstawiłam do lodówki na noc. Następnego dnia rozgrzałam na patelni grillowej masło klarowane. Kurczaka piekłam na średnim ogniu około 8 minut z każdej strony.

NUGGETSY

290 kcal

SKŁADNIKI (DLA 2 OSÓB):

- 2 filety piersi z kurczaka
- 1 jajko
- siemię lniane, czosnek, sypka cebula, czarny pieprz, sól morska (panierka pierwsza)
- ziarna sezamu, czosnek, sypka cebula, czarny pieprz, sól morska (panierka druga)

PRZYGOTOWANIE:

Kawałki kurczaka moczyłam w roztrzepanym jajku, a następnie obtaczałam w panierkach. Piekłam w 190°C ok. 30 minut. Gotowe!

07 SAŁATKI

210 kcal

SAŁATKA
Z DYNIĄ I GRANATEM

SKŁADNIKI (DLA 4 OSÓB):

- ⅓ małej dyni (pokrojonej w księżyce)
- 1 łyżka oliwy z oliwek
- sól morska
- pieprz czarny
- cynamon
- 2 garści rukoli (lub mieszaniny młodej zieleniny)
- ½ szklanki granatu (lub garść żurawiny)
- ⅓ szklanki orzechów włoskich
- 100 g tofu

SOS VINEGRET:

- 2 łyżki oliwy z oliwek
- 1 łyżka octu balsamicznego
- 1 łyżeczka syropu klonowego
- ½ łyżeczki musztardy Dijon
- pieprz czarny
- szczypta soli

PRZYGOTOWANIE:

Piekarnik rozgrzałam do 180°C. Pokroiłam dynię w księżyce (skórkę można zostawić) i wyłożyłam na papier do pieczenia, przyprawiłam pieprzem, solą i cynamonem, skropiłam delikatnie oliwą. Piekłam przez 30 minut, aż dynia zmiękła.

W małej misce wymieszałam oliwę, ocet balsamiczny, syrop klonowy i musztardę Dijon ze szczyptą soli i pieprzu. Do miski włożyłam umytą rukolę, upieczoną dynię, tofu pokrojone w kosteczkę, posypałam granatem i orzechami. Całość polałam sosem.

NEVER
GIVE

270 kcal

SAŁATKA Z POMARAŃCZĄ I AWOKADO

SKŁADNIKI (DLA 4 OSÓB):

- 2 awokado
- 2 pomarańcze
- 1 duża marchew
- 3 łyżki oliwy z oliwek
- 2 łyżki octu jabłkowego
- 3 łyżki pistacji
- kilka kropel soku z cytryny
- szczypta pieprzu cayenne
- szczypta kurkumy

PRZYGOTOWANIE:

Obrałam warzywa i owoce. Starłam na tarce z małymi oczkami marchewkę, skropiłam ją cytryną. Pomarańcze podzieliłam na cząstki. Awokado pokroiłam w kostkę i skropiłam cytryną. Wszystko włożyłam do jednej miski, doprawiając oliwą z oliwek, octem jabłkowym oraz przyprawami. Na wierzch położyłam orzechy pistacji.

290
kcal

SAŁATKA Z MIĘSEM MIELONYM

SKŁADNIKI (DLA 4 OSÓB):

- 300 g mięsa mielonego wołowego
- 2 duże marchewki
- 40 g orzechów włoskich
- 1 łyżka oleju kokosowego
- 3 łyżki oliwy z oliwek
- 1 garść świeżych liści mięty
- 1 garść świeżej kolendry
- 1 łyżka octu jabłkowego
- kilka kropel soku z cytryny
- szczypta curry, pieprzu czarnego, soli morskiej/himalajskiej

PRZYGOTOWANIE:

Obrałam marchewki i starłam je na dużych oczkach, skropiłam sokiem z cytryny. Na rozgrzanej patelni rozpuściłam olej kokosowy i dodałam mięso, przyprawiając solą, pieprzem i curry, następnie wlałam ocet jabłkowy. Do naczynia włożyłam startą marchew i dorzuciłam rozdrobnione listki mięty oraz kolendrę. Kiedy mięso było gotowe, przełożyłam je do naczynia i wszystko posypałam rozdrobnionymi orzechami włoskimi oraz polałam oliwą.

300
kcal

PIĘTROWA SAŁATKA Z MAKARONEM RYŻOWYM I KURCZAKIEM

SKŁADNIKI (DLA 4 OSÓB):

- 1 pęk zielonych szparagów
- 100 g makaronu ryżowego
- 5-6 rzodkiewek
- 1 pierś kurczaka
- ½ pęczka szczypiorku
- ½ pęczka koperku
- ½ cytryny
- 1 łyżka balsamico
- 1 łyżka musztardy Dijon
- 1 łyżka oleju kokosowego
- 3 łyżki oliwy z oliwek
- 1 ząbek czosnku
- 50 g rukoli
- 1 łyżeczka majeranku
- ½ łyżeczki soli morskiej
- ½ łyżeczki pieprzu czarnego
- zioła prowansalskie (do smaku)

PRZYGOTOWANIE:

Szparagi dokładnie umyłam i odcięłam zdrewniałe końcówki. Włożyłam je do głębokiej patelni (można do wysokiego wąskiego garnka), przykryłam wodą (wrzątkiem), dodałam sól. Gotowałam ok. 15 minut.

Makaron ugotowałam według instrukcji na opakowaniu (makaron ryżowy gotujemy chwilkę).

Mięso dokładnie umyłam, osuszyłam, pokroiłam w kostkę i włożyłam do naczynia z wymieszaną musztardą, majerankiem, solą i pieprzem oraz wyciśniętym ząbkiem czosnku. Marynowałam ok. 1 godziny w lodówce. Następnie na patelni rozgrzałam olej kokosowy i podsmażyłam kurczaka na średnim ogniu (przez kilka minut).

Do naczynia włożyłam rukolę, pokrojoną w talarki rzodkiew, następnie mięso i szparagi pokrojone na kawałki, posypałam pokrojonym na drobno szczypiorkiem i koperkiem. Wszystko przykryłam makaronem ryżowym oraz dressingiem z: oliwy, ziół prowansalskich, kilku kropel soku z cytryny, balsamico.

Ta potrawa zdecydowanie przyda się tym, którzy uczą się nie łączyć węglowodanów z białkiem. Najpierw zjadamy węglowodany, potem warzywa i białko :)

505 kcal

SAŁATKA Z JABŁKIEM, CYNAMONEM, JARMUŻEM I ORZECHAMI

SKŁADNIKI (DLA 4 OSÓB):

- ⅔ szklanki suchej komosy ryżowej
- 3 duże liście jarmużu drobno posiekane
- 3 średnie jabłka, pokrojone w kostkę
- 5 łodyg selera pokrojonych w talarki
- 1 szklanka orzechów włoskich

CYNAMONOWY SOS:

- ¼ filiżanki oliwy extra virgin
- ¼ filiżanki octu jabłkowego
- 2 łyżki syropu klonowego lub miodu
- ½ cytryny (sok)
- 1 łyżeczka cynamonu
- 1 łyżeczka soli morskiej
- ½ łyżeczki mielonego czarnego pieprzu

PRZYGOTOWANIE:

Ugotowałam komosę ryżową (zgodnie instrukcją na opakowaniu), odcedziłam i przepłukałam zimną wodą. Przełożyłam do dużej miski i dodałam jarmuż, seler, jabłka i orzechy. Polałam sosem cynamonowym.

110 kcal

SURÓWKA Z CZERWONEJ KAPUSTY

SKŁADNIKI (DLA 4 OSÓB):

- ½ główki czerwonej kapusty
- 1 marchewka
- 1 jabłko
- 1 czerwona cebula
- łyżeczka miodu (lub syropu klonowego)
- sok z ½ cytryny
- sól morska/himalajska
- pieprz czarny
- rozdrobnione orzeszki ziemne
- 1 łyżka oleju lnianego

PRZYGOTOWANIE:

Kapustę sparzyłam wrzątkiem i pokroiłam. Jabłko i marchewkę starłam na tarce o dużych oczkach. Cebulę pokroiłam w piórka. Wszystko skropiłam cytryną i dodałam przyprawy i miód. Posypałam orzechami i polałam olejem lnianym.

150 kcal

TATAR Z BURAKA

SKŁADNIKI (DLA 4 OSÓB):

- **500 g ugotowanych buraków (3 buraki)**
- **1 mała biała cebula**
- **1 łyżeczka śmietany ryżowej**
- **1 łyżeczka sosu tamari**
- **1 łyżeczka musztardy Dijon**
- **szczypiorek**
- **sól, pieprz**
- **150 g koziego lub owczego sera**

PRZYGOTOWANIE:

Cebulę posiekałam w drobne kosteczki, dodałam pokruszony kozi ser, śmietanę, tamari, musztardę, pieprz i sól. Ugotowane buraki obrałam i jak najdrobniej pokroiłam. Wszystko wymieszałam i doprawiłam posiekanym szczypiorkiem.

196 kcal

LETNIA SAŁATKA Z BOBEM

SKŁADNIKI (DLA 4 OSÓB):

- **200 g bobu**
- **1 cukinia**
- **1 awokado**
- **100 g groszku cukrowego**
- **6 rzodkiewek**
- **duża garść roszponki**
- **pół szklanki kiełków**
- **12 g tartego imbiru**
- **10 g orzeszków pinii**

DRESSING:

- **2 łyżki oleju lnianego**
- **1 łyżka octu jabłkowego**
- **przyprawy: sól gruboziarnista, słodka papryczka, tymianek, kurkuma**
- **1 łyżeczka syropu klonowego**

PRZYGOTOWANIE:

Bób umyłam i gotowałam pod przykryciem w posolonej wodzie ok. 15 minut. W tym czasie obrałam awokado i pokroiłam wzdłuż na plasterki. Potem pokroiłam w zapałki cukinię i rzodkiewki, na tarce starłam imbir. Do naczynia włożyłam roszponkę, kiełki i groszek cukrowy. Ostudzony bób obrałam i wrzuciłam do miski. Wszystkie składniki wymieszałam, posypałam orzeszkami i polałam dressingiem.

300 kcal

SAŁATKA Z GRILLOWANYM ŁOSOSIEM

SKŁADNIKI (DLA 4 OSÓB):

- **400 g łososia**
- **2 szklanki świeżego szpinaku**
- **1 czerwona cebula**
- **1 czerwona papryka**
- **1 żółta papryka**
- **kawałek sera feta**
- **garść orzeszków pinii**
- **oliwa, ocet balsamiczny, miód, cytryna**

PRZYGOTOWANIE:

Cebulę pokroiłam w dużą kostkę i lekko poddusiłam. Pokroiłam papryki, pokruszyłam fetę i wymieszałam z ostudzoną cebulą i liśćmi szpinaku. Całość posypałam orzeszkami pinii. Sos przygotowałam z 2 łyżek oliwy, łyżki octu, łyżeczki miodu i łyżki soku z cytryny.

PESTO:

- **1 szklanka świeżej bazylii**
- **3 łyżki oliwy**
- **½ szklanki obranych pistacji**
- **ząbek czosnku**
- **1 łyżka parmezanu**
- **szczypta soli i pieprzu**

Wszystkie składniki dokładnie zmiksowałam.

Na sałatkę wyłożyłam kawałki grillowanego w piekarniku łososia, którego polałam pesto.

200 kcal

SAŁATKA Z ZIEMNIAKAMI, KAPARAMI I KOLENDRĄ

SKŁADNIKI (DLA 4 OSÓB):

- 500 g małych ziemniaków
- ¼ szklanki oliwy z oliwek
- 3 małe cebule
- ½ szklanki kaparów
- sok z połowy cytryny
- garść drobno pokrojonej kolendry
- sól morska
- pieprz
- 1 łyżka musztardy Dijon

PRZYGOTOWANIE:

Ziemniaki umyłam, ponacinałam na krzyż skórki, ugotowałam, a następnie obrałam ze skórki i pokroiłam w talarki. Wymieszałam je w misce z odsączonymi kaparami i drobno pokrojoną cebulą. Z soku z cytryny, musztardy, oliwy i przypraw zrobiłam sos.

Sałatka najlepiej smakuje i działa zaraz po treningu, zimą jest lepsza na ciepło.

140 kcal

SAŁATKA Z TOFU NA CIEPŁO

SKŁADNIKI (DLA 4 OSÓB):

- **250 g tofu**
- **4 łyżki sosu sojowego (bezglutenowego)**
- **2 łyżki sezamu białego**
- **garść szpinaku**
- **garść roszponki**
- **kilka liści kolendry**
- **pomidorki koktajlowe**
- **½ awokado**
- **garść kiełków fasoli mung**

DRESSING:

- **2 łyżki octu balsamicznego**
- **1 łyżka oleju sezamowego (lub oliwy)**
- **szczypta chilli**

PRZYGOTOWANIE:

Namoczyłam tofu (przez 1 godzinę) w sosie sojowym z sezamem.

Na suchą, rozgrzaną patelnię wrzuciłam tofu pokrojone w kostkę. Podsmażałam, cały czas mieszając, do uzyskania złocistego koloru. Do naczynia włożyłam zieleninę, pokrojone pomidorki, awokado oraz kiełki. Na koniec dodałam podsmażone tofu i polałam dressingiem.

70 kcal

MECZOWA PRZEKĄSKA – ROLLSY

SKŁADNIKI (NA 15 ROLLSÓW):

- 15 arkuszy papieru ryżowego
- 200 g tofu
- 1 ogórek
- 1 marchewka
- ½ czerwonej papryki
- ½ żółtej papryki
- 1 awokado
- garść kiełków fasoli mung
- 1 łyżka sezamu
- kilka liści sałaty lub szpinaku

MARYNATA DO TOFU:

- 1 łyżka sosu tamari (bezglutenowego)
- ½ łyżki octu jabłkowego
- 1 łyżeczka przyprawy słodkiej papryki

PRZYGOTOWANIE:

Przygotowałam marynatę do tofu. Pokroiłam tofu w cienkie paski, włożyłam do marynaty i odstawiłam na godzinę. Obrałam warzywa, pokroiłam je w cienkie słupki. Delikatnie obrałam awokado, przecięłam je w pół, usunęłam pestkę, położyłam wierzchnią częścią na talerzu i przekroiłam wzdłuż.

W czajniku zagotowałam wodę. Papier ryżowy, każdy osobno, wykładałam na głęboki talerz, moczyłam w gorącej wodzie i od razu wyciągałam, po czym ostrożnie przekładałam na dużą czystą deskę/blat. Na środek każdego arkusza wykładałam: pasek tofu, słupki marchewki, papryki, ogórka, awokado oraz kilka kiełków i liść sałaty/szpinaku. Papier bardzo delikatnie zawijałam, rolując je i zaginając boki papieru (jeśli papier się przerwie, nie należy się przejmować, można tego rollsa włożyć w kolejny papier).

630 kcal

KISZONA SAŁATKA Z WARZYW

SKŁADNIKI:

- 1 kg ogórków
- 3 czerwone papryki
- 2 cebule
- 2 ząbki czosnku
- 2 duże marchewki
- 1 łyżeczka kminku
- 5 ziaren ziela angielskiego
- 2 liście laurowe
- 2 szklanki octu jabłkowego
- 4 łyżki soli morskiej
- 6 łyżek cukru kokosowego
- 2 łyżki musztardy Dijon
- kilka ziaren gorczycy
- woda

PRZYGOTOWANIE:

Warzywa umyłam. Marchew i cebule obrałam. Ogórki i marchew pokroiłam w talarki, paprykę w kawałki, a cebule w piórka. Dokładnie wyparzyłam słoiki (10-12 sztuk, zależy od wielkości słoików). Marchew i paprykę włożyłam do słoików, potem cebulę i ogórki. Dodałam przyprawy. Do rondla z wodą wlałam ocet, wsypałam cukier kokosowy i sól morską i doprowadziłam do wrzenia. Na koniec dodałam musztardę i wszystko zamieszałam. Zalałam warzywa w słoikach. Pasteryzowałam ok. 4-5 minut.

160 kcal

SAŁATKA
Z POLĘDWICĄ WOŁOWĄ

SKŁADNIKI (DLA 4 OSÓB):

- **400 g polędwicy wołowej**
- **1 ogórek zielony, średni**
- **½ czerwonej papryki**
- **1 czerwona cebula**
- **liście kolendry**
- **100 g rukoli**

DRESSING:

- **1 ząbek czosnku**
- **kawałek papryczki chilli**
- **2 łyżki balsamico**
- **kilka kropel cytryny**
- **1 łyżka octu jabłkowego**

PRZYGOTOWANIE:

Mięso dokładnie umyłam i włożyłam na rozgrzaną, suchą patelnię. Smażyłam na średnim ogniu po 3-4 minuty z każdej strony. Zdjęłam z ognia i odstawiłam pod przykryciem. Pokroiłam warzywa i paprykę na słupki, a ogórki w ćwiartki/półplastry. Do naczynia włożyłam umytą rukolę, warzywa i pokrojone w plastry mięso oraz liście kolendry. Składniki na dressing dokładnie wymieszałam i dodałam do sałatki. Na wierzch położyłam liście kolendry.

180 kcal

SAŁATKA Z KREWETKAMI

SKŁADNIKI (DLA 4 OSÓB):

- 300 g krewetek królewskich
- 200 g groszku cukrowego (w całości)
- 100 g rzodkiewki
- 100 g szpinaku (lub innych zielonych liści)
- 2 ząbki czosnku
- szczypta chilli
- 2 łyżki oliwy z oliwek
- 1 łyżka oleju kokosowego lub masła klarowanego
- 1 łyżka octu jabłkowego
- 1 łyżka sezamu do posypania
- 1 łyżka sosu tamari (opcjonalnie)
- sól morska
- pieprz czarny

PRZYGOTOWANIE:

Umyłam krewetki, osuszyłam papierowym ręcznikiem. Na patelni rozgrzałam olej kokosowy i wrzuciłam krewetki, dodałam sól i pieprz, smażyłam z każdej strony na średnim ogniu ok. 2 minuty. Groszek cukrowy przekroiłam w pół, rzodkiew pokroiłam w talarki i namoczyłam w occie jabłkowym wraz z oliwą (można dodać olej sezamowy), solą morską, sosem tamari, czosnkiem, chilli. Wszystko wymieszałam. Włożyłam do miski szpinak (można inną zieleninę), przełożyłam warzywami oraz krewetkami. Posypałam sezamem.

120 kcal

KISZONE BURAKI

SKŁADNIKI (NA 10 PORCJI):

- 3 kg buraków
- 10 ząbków czosnku
- 6 liści laurowych
- 20 ziarenek pieprzu czarnego
- kurkuma
- kilkanaście łodyżek świeżego rozmarynu
- 4 łyżeczki soli morskiej (koniecznie morskiej)
- woda mineralna niegazowana (najlepiej alkaliczna) – tyle, żeby zakryło buraki
- świeży tymianek

PRZYGOTOWANIE:

Słój dokładnie sparzyłam wrzątkiem. Umyłam i obrałam buraki, pokroiłam je na spore kawałki. Obrałam czosnek i ząbki w całości włożyłam do słoja z burakami. Zalałam wodą, dodając wszystkie wymienione przyprawy i zioła. Trzymałam w chłodnym miejscu (można np. w garażu). Już po tygodniu kiszonka miała kwaskowaty smak, ale jeszcze zbyt wyczuwało się sól. Po 10 dniach była gotowa. Teraz buraki przełożyłam do słoiczków, a sok (pyszny!) przelałam do butelek. Buraczki długo nie pozostały w słoikach, bo szybko wykorzystałam je do sałatek. Sok również został szybko wypity.

480 kcal

SAŁATKA Z BURAKA I GREJPFRUTA

SKŁADNIKI:

- 1 duża garść mieszanki sałat (zieleniny)
- 1 duży burak, ok. 200 g, gotowany, obrany i pokrojony w kostkę
- ¼ czerwonej cebuli, pokrojonej w kostkę
- 1 mała garść pietruszki, drobno posiekanej
- 1 dojrzały pomidor, pokrojony w kostkę
- ½ awokado, pokrojone w kostkę

DRESSING:

- 2 łyżki oliwy z oliwek
- 1 łyżka octu balsamicznego
- sól morska i pieprz (do smaku)
- sok z połowy grejpfruta

OPCJA Z BIAŁKIEM ZAMIAST GREJPFRUTA:

- dla jedzących mięso/dla wegetarian: jajko na twardo, pokrojone
- dla wegan: ¼ szklanki ugotowanej fasoli, łyżka konopi lub nasion słonecznika

PRZYGOTOWANIE:

W misce wymieszałam wszystkie składniki z dressingiem, solą morską i pieprzem (do smaku). Na koniec dodałam kilka kawałków grejpfruta.

120 kcal

SAŁATKA Z POKRZYWY Z TRUSKAWKAMI

SKŁADNIKI (DLA 4 OSÓB):

- **2 garści pokrzywy**
- **1 garść rukoli**
- **szklanka truskawek**

DRESSING:

- **oliwa**
- **ocet balsamiczny**
- **1 łyżka miodu**

PRZYGOTOWANIE:

Pokrzywę (najlepsza młoda, same listki) wypłukałam pod zimną wodą, a następnie sparzyłam ją wrzątkiem. Umyłam rukolę oraz truskawki. Do naczynia włożyłam zieleninę, owoce i polałam dressingiem.

220 kcal

SAŁATKA
Z TARTEJ MARCHWI Z KOKOSEM I DAKTYLEM

SKŁADNIKI (DLA 4 OSÓB):

- 3 duże marchewki
- 4 daktyle lub garść rodzynek (moczonych we wrzątku ok. 30 minut)
- 2 łyżki płatków z migdałów
- 2 łyżki posiekanej natki pietruszki
- ½ szklanki wiórków kokosowych
- 1 łyżka oleju lnianego
- 1 łyżeczka miodu lub syropu klonowego
- kilka kropel cytryny
- pieprz cayenne

PRZYGOTOWANIE:

Marchew obrałam i starłam na tarce (na dużych oczkach). Daktyle pokroiłam na kawałki. Do miski wrzuciłam marchew, daktyle, wiórki kokosowe, płatki migdałów i szczyptę pieprzu cayenne. Całość wymieszałam z olejem lnianym, miodem i kilkoma kroplami cytryny. Posypałam posiekaną pietruszką.

08

DESERY I OWOCE

325 kcal

KOKOCIASTO

SKŁADNIKI (DLA 2 OSÓB):

- 5 czubatych łyżek mąki kokosowej
- 2 jajka
- 50 ml mleka kokosowego
- 50 ml wody
- szczypta sody oczyszczonej
- 3 łyżki cukru brzozowego – ksylitolu
- sok z ½ cytryny
- 15 g rodzynek

PRZYGOTOWANIE:

Jajka utarłam z cukrem brzozowym, dodałam mąkę, mleko i wodę, zmiksowałam blenderem. Potem dodałam sok z cytryny i sodę czyszczoną oraz rodzynki. Włożyłam do foremki o wymiarach 20 × 11 cm. Piekłam ok. 35 minut (w piekarniku z termoobiegiem) w 180°C. Pozostawiłam w piekarniku do ostygnięcia na 2 godziny.

244 kcal

BOUNTY

SKŁADNIKI (NA OK. 10 BATONIKÓW):

- 200 g wiórków kokosowych
- 50 ml mleka kokosowego (gęstego)
- ok. 50 g oleju kokosowego
- ½ łyżeczki wanilii
- 3 łyżki miodu lub syropu klonowego

POLEWA:

- 3 łyżki oleju kokosowego
- 5 łyżek kakao
- 2 łyżki miodu lub syropu klonowego

PRZYGOTOWANIE:

Olej kokosowy i mleko rozpuściłam na małym ogniu w garnku, dodałam wiórki kokosowe, wanilię oraz słód i wymieszałam. Masę przełożyłam do foremki i wstawiłam do lodówki na godzinę. Gdy kokosowa masa stwardniała formowałam batony lub kulki. W garnku przygotowałam z kolei masę czekoladową, rozpuszczając olej kokosowy ze słodem i kakao. Na papier wyłożyłam uformowane kulki/batony kokosowe i polałam czekoladą. Wstawiłam do lodówki.

Femi
& Love

202 kcal

KAKAOWY BUDYŃ Z KASZY JAGLANEJ

SKŁADNIKI (DLA 2 OSÓB):

- 100 g kaszy jaglanej (nieugotowanej, suchej)
- 2 szklanki mleka koksowego (lub innego roślinnego)
- 1 kopiasta łyżka kakao 80%
- ½ szklanki soku z aronii
- 5–6 daktyli bez pestek
- szczypta chilli (jeśli lubisz:)
- szczypta soli morskiej, gruboziarnistej
- owoce do posypania

PRZYGOTOWANIE:

Kaszę przepłukałam bieżącą wodą, potem wrzątkiem, by zniwelować smak goryczki. Ugotowałam na średnim ogniu w mleku kokosowym. Pod koniec gotowania dodałam daktyle. Kiedy kasza była gotowa, dodałam do niej przyprawy (oprócz soli). Dosypałam kakao i sok z aronii. Wszystko zmiksowałam blenderem, tak aby daktyle wymieszały się dokładnie z kaszą. Przełożyłam do szklanego pojemnika, wierzch poprószyłam odrobiną soli i ozdobiłam owocami.

294 kcal

CIASTO BATATOWO-KOKOSOWE

SKŁADNIKI (DLA 4 OSÓB):

- 250–300 g batatów
- 2 jajka (lub 2 łyżki nasion chia namoczonych w ⅓ szklanki gorącej wody)
- 3 łyżki oleju kokosowego
- 2 łyżki słodu (melasy buraczanej/syropu klonowego/cukru brzozowego)
- 4 łyżki mąki kokosowej
- cynamon
- kardamon
- proszek do pieczenia (bezglutenowy)
- 2 łyżki soku z cytryny (opcjonalnie)
- ½ szklanki orzechów włoskich
- ⅓ szklanki wiórków kokosowych (do posypania)

PRZYGOTOWANIE:

Ziemniaki starłam na tarce, włożyłam do miski, dodałam mąkę i przyprawy, następnie jajka i resztę składników. Wszystko wymieszałam. Przełożyłam do foremek na muffinki i piekłam ok. 30 min w 180°C (w piekarniku z termoobiegiem). W połowie pieczenia posypałam ciasto wiórkami kokosowymi (można też polać polewą z roztopionej czekolady).

516 kcal

BROWNIE Z KASZY JAGLANEJ W POLEWIE KAKAOWEJ

SKŁADNIKI (DLA 4 OSÓB):

- **500 g ugotowanej kaszy jaglanej**
- **70 g mąki kokosowej**
- **100 g cukru kokosowego**
- **100 ml gęstego mleczka kokosowego**
- **4 łyżki kakao**
- **1 łyżka cynamonu**
- **1 łyżka proszku do pieczenia (bezglutenowego)**
- **60 g oleju kokosowego**
- **garść sparzonej wrzątkiem żurawiny**

POLEWA:

- **30 g kakao**
- **30 g oleju kokosowego**
- **rozdrobnione orzechy (lub płatki z migdałów/wiórki kokosowe, do posypania)**

PRZYGOTOWANIE:

Kaszę przepłukałam bieżącą wodą, potem wrzątkiem, by zniwelować smak goryczki. Ugotowałam i pozostawiłam do wystygnięcia, następnie dodałam do niej wszystkie składniki na ciasto (oprócz żurawiny) i zmiksowałam blenderem (na średnich obrotach). Potem dodałam żurawinę i wymieszałam. Włożyłam ciasto do foremki wyłożonej papierem do pieczenia. Piekłam ok. 50 minut w 180°C. Pozostawiłam w piekarniku do wystygnięcia.

Przygotowałam polewę: rozpuściłam kakao w oleju kokosowym. Ciasto polałam masą i posypałam kawałkami orzechów (można płatkami z migdałów).

343 kcal

CYNAMONOWE CIASTO Z BANANEM

SKŁADNIKI (DLA 6 OSÓB):

- 3 banany
- 200 g mąki ryżowej
- 100 g cukru kokosowego
- 75 g oleju kokosowego lub masła klarowanego
- 3 łyżki cynamonu
- 50 ml mleka roślinnego
- 1 jajko
- 1 łyżeczka proszku do pieczenia
- ½ łyżeczki soli morskiej
- garść żurawiny

PRZYGOTOWANIE:

Wszystkie składniki wymieszałam. Rozgrzałam piekarnik do 180°C. Przełożyłam ciasto do podłużnej foremki (jak na chleb), wcześniej wysmarowałam ją tłuszczem (można wyłożyć papierem do pieczenia). Piekłam ok. 40 minut. Pozostawiłam w piekarniku do wystygnięcia. Na koniec posmarowałam domowym dżemem (np. z jagód, nasion chia i ksylitolu, przepis na str. 240).

189 kcal

CIASTECZKA OWSIANE

SKŁADNIKI (DLA 8 OSÓB):

- **150 g płatków owsianych, np. bezglutenowych**
- **½ szklanki malin**
- **⅓ szklanki borówek lub jagód**
- **½ banana**
- **50 g pestek słonecznika, siemię lniane**
- **2 łyżki melasy lub miodu lub innego syropu**
- **1 łyżeczka cynamonu**
- **40 g suszonej żurawiny**

PRZYGOTOWANIE:

Wszystkie składniki zmiksowałam, uformowałam ciasteczka, ułożyłam je na blaszce i piekłam 15 minut w 180°C.

185
kcal

PUSZYSTE PLACKI Z BANANÓW

SKŁADNIKI (DLA 2 OSÓB):

- **2 średnie dojrzałe banany**
- **2 jajka**
- **1 łyżka mąki kokosowej**
- **olej kokosowy (do smażenia)**
- **szczypta cynamonu**
- **szczypta wanilii**
- **wiórki kokosowe**

PRZYGOTOWANIE:

Wszystkie składniki zblendowałam w misce, tłuszcz rozpuściłam na małym ogniu i smażyłam placki pod przykryciem ok. 2 minuty z każdej strony.

109
kcal

KULKI MOCY

SKŁADNIKI (NA 12 SZTUK):

- **20 g białka roślinnego o smaku wanilii**
- **100 g pestki dyni**
- **50 g wiórków kokosowych**
- **6 daktyli bez pestek**
- **30 g tahini**
- **1 łyżka kakao**

PRZYGOTOWANIE:

Daktyle moczyłam w bardzo gorącej wodzie ok. 30 minut. Potem wszystkie składniki zmiksowałam. Obtoczyłam w sproszkowanym migdale (można też w kakao lub wiórkach kokosowych). Wstawiłam do lodówki na 3 godziny (minimum).

100 kcal

DŻEM DOMOWY Z NASIONAMI CHIA I CUKREM BRZOZOWYM

SKŁADNIKI (NA 1 SŁOICZEK):

- 1 szklanka jagód
- skórka z 1 cytryny
- sok z ½ cytryny
- 2 łyżki słodu, np. ksylitol
- cukier brzozowy (działa przeciwgrzybicznie, przeciwpasożytniczo)
- 1 łyżka chia (ok. 15 g)
- 1 mandarynka

PRZYGOTOWANIE:

Wszystkie składniki włożyłam do garnka i gotowałam na małym ogniu przez 25 minut, od czasu do czasu mieszając. Przełożyłam do pojemnika i zaczekałam aż wystygnie.

POWER BATON

392 kcal

SKŁADNIKI (NA 4 BATONY):

- 70 g pestek dyni (moczonych przez noc i suszonych w piekarniku ok. 6 godzin w 60°C)
- 50 g sezamu białego
- 6 suszonych daktyli
- 2 łyżki sproszkowanego korzenia macy
- 40 g wiórków kokosowych
- garść jagód goji
- 1 łyżka miodu lub innego słodu
- 2 łyżki oleju kokosowego
- sól himalajska (do posypania na koniec)

PRZYGOTOWANIE:

Daktyle namoczyłam w gorącej wodzie (ok. 20–30 min). Dodałam do nich pozostałe składniki i zmiksowałam (nie powinno to trwać długo). Masę wyłożyłam na blaszkę, tworząc cienką warstwę, poprószyłam solą morską i jagodami goji. Wstawiłam do lodówki na 3 godziny. Potem pokroiłam w równe batony, owinęłam w papier do pieczenia i zawiązałam sznurkiem.

RADA: Baton najlepiej zjeść jako przegryzkę PRZED treningiem lub zaraz PO nim!

188
kcal

RAFAELLO
Z KASZY JAGLANEJ

SKŁADNIKI (NA 15 KULEK):

- 300 g kaszy jaglanej (suchej)
- 120 g wiórków kokosowych
- ½ szklanki orzechów laskowych
- 2 płaskie łyżki miodu lub syropu klonowego
- 2 płaskie łyżki siemienia lnianego
- 100 ml wody
- 300 ml mleka kokosowego

PRZYGOTOWANIE:

Kaszę przepłukałam bieżącą wodą, potem wrzątkiem, by zniwelować smak goryczki. Ugotowałam z wodą i mlekiem kokosowym. Odstawiłam z ognia, aby woda i mleko wchłonęło się, a kasza wystygła. Ważne, żeby nie była zbyt rzadka, bo kulki się nie zlepią. Następnie do kaszy dodałam 100 g wiórków kokosowych i zmielone siemię lniane (można nasiona chia). Wszystko zmiksowałam i odstawiłam, by kasza całkiem wystygła. Uformowałam kulki, wkładając do środka po jednym orzechu laskowym. Następnie obtoczyłam je w wiórkach kokosowych. Wstawiłam do lodówki na 2 godziny.

188
kcal

MUS
TRUSKAWKOWO-MALINOWY

SKŁADNIKI (DLA 2 OSÓB):

- **100 g truskawek**
- **100 g malin**
- **1 mały banan**
- **1 łyżka miodu**
- **4 łyżki jogurtu roślinnego lub gęstego mleka kokosowego**
- **3 łyżki granoli**
- **do posypania: prażony sezam, prażone pestki słonecznika, kilka malin i jeżyn**

PRZYGOTOWANIE:

Zmiksowałam owoce z miodem i jogurtem roślinnym. Przelałam do miseczki i ozdobiłam prażonymi pestkami słonecznika, sezamem, owocami oraz granolą (przepis na str. 255).

276
kcal

ŚNIADANIOWY MUS NA UPALNE DNI

SKŁADNIKI (DLA 2 OSÓB):

- **1 awokado**
- **1 banan**
- **1 granat**
- **sok z ½ cytryny**
- **garść orzechów laskowych do posypania**
- **1 łyżka spiruliny**

PRZYGOTOWANIE:

Wszystkie składniki zmiksowałam, a mus posypałam orzechami.

120 kcal

ŚNIEŻNE BABECZKI Z BURAKA

SKŁADNIKI (NA OK. 10 BABECZEK):

- 500 g purée z ugotowanego buraka (ok. 5 małych buraków, można też kupić ugotowane buraki)
- 100 g mąki ryżowej (polecam także kokosową)
- 5 daktyli (świeżych, dużych) lub opcjonalnie można dodać 1 łyżkę syropu klonowego albo miodu
- szczypta cynamonu
- szczypta soli morskiej
- szczypta sody oczyszczonej
- bezglutenowy proszek do pieczenia
- 50 g oleju kokosowego (ok. 2–3 łyżki)
- opcjonalnie kilka kawałków gorzkiej czekolady lub wymiennie żurawina albo jagody goji

PRZYGOTOWANIE:

Wszystkie składniki zmiksowałam. Do masy dodałam kawałki surowej czekolady (można też suszoną żurawinę lub jagody goji). Gdyby ciasto było zbyt suche, należy wlać odrobinę mleka roślinnego, np. kokosowego. Piekłam w 180°C (w piekarniku z funkcją termoobiegu) ok. 35 minut. Pozostawiłam w piekarniku do wystudzenia.

JABŁECZNIK Z KASZY JAGLANEJ

470 kcal

SKŁADNIKI (DLA 8 OSÓB):

- **300 g kaszy jaglanej**
- **8 daktyli bez pestek**
- **1 łyżka ksylitolu**
- **2 łyżki zmielonego siemienia lnianego (substytut jajka)**
- **500 ml mleka roślinnego lub pół na pół z wodą**
- **50 g wiórków kokosowych**
- **½ cytryny**
- **3 duże kwaśne jabłka**
- **50 g płatków migdałowych**
- **cynamon, kardamon, wanilia**
- **tłuszcz kokosowy**

PRZYGOTOWANIE:

Kaszę jaglaną przepłukałam bieżącą wodą, potem wrzątkiem, by zniwelować smak goryczki. Gotowałam w wodzie z mlekiem roślinnym (można tylko w wodzie) ok. 20 minut, aż wchłonęła płyn. W tym czasie obrałam jabłka, starłam je na tarce, zmieszałam z cynamonem, kardamonem i wanilią, 1 łyżką zmielonego siemienia lnianego i dorzuciłam do garnka z kaszą. Dusiłam na małym ogniu aż jabłka puściły sok, potem dodałam kilka kropel cytryny oraz ksylitol i dorzuciłam do garnka z kaszą. Daktyle namoczyłam wcześniej (ok. 20 minut we wrzątku). Następnie je zblendowałam wraz z wiórkami i dodałam do kaszy jaglanej razem ze zmieloną drugą łyżeczką siemienia lnianego. Jeszcze raz wszystko zblendowałam, dodając kilka kropel soku z cytryny, szczyptę cynamonu, kardamon i imbir. Tak przygotowaną masę przełożyłam do okrągłej blaszki wysmarowanej tłuszczem. Na masę położyłam podprażone jabłka posypane płatkami migdałowymi. Wstawiłam do piekarnika i piekłam w 180°C ok. 60 minut.

RADA: To ciasto można przygotować również bez pieczenia: należy wtedy ugotować kaszę, włożyć ją do formy posmarowanej tłuszczem i wstawić do lodówki na 2 godziny. Następnie nałożyć prażone jabłka i ponownie schłodzić. Ciasto przygotowuje się tak samo jak do pieczenia.

348 kcal

GRANOLA

SKŁADNIKI (NA 6 PORCJI):

- 150 g płatków owsianych (bezglutenowych)
- ½ szklanki migdałów
- ½ szklanki orzechów laskowych
- ½ szklanki pestek dyni
- ½ szklanki pestek słonecznika
- garść siemienia lnianego
- ½ szklanki rodzynek lub żurawiny (niesłodzonej, namoczonej wcześniej we wrzątku)
- 3 łyżki miodu albo syropu klonowego lub daktylowego
- wanilia, cynamon lub inne przyprawy (w zależności od smaku, jaki chcemy uzyskać)

PRZYGOTOWANIE:

Wszystkie składniki dokładnie wymieszałam, dodając wanilię i cynamon (można też inne przyprawy). Mieszankę wysypałam na blaszkę wyłożoną papierem do pieczenia. Piekłam 20–30 minut w 160°C. Podczas pieczenia 3 razy wszystko zamieszałam. Na koniec dodałam suszone owoce.

300 kcal

BANANY NA PATYKU

SKŁADNIKI (4 PATYKI):

- 2 obrane banany
- 80 g oleju kokosowego
- 30 g cukru kokosowego lub ksylitolu
- 2 łyżki syropu klonowego lub miodu
- wiórki kokosowe
- kakao
- poszatkowane na drobno jagody goji do obtoczenia (lub liofilizowana truskawka)
- 4 patyki do lodów

PRZYGOTOWANIE:

Obrane banany podzieliłam na pół i nadziałam na patyczki. W rondelku rozpuściłam czekoladę, kakao i dodałam olej kokosowy. Polałam banany, a następnie obsypałam je dodatkami. Pozostawiłam do wysuszenia (można wbić patyczki np. w doniczkę z ziemią lub w owoc). Włożyłam do lodówki.

300 kcal

ŚNIADANIOWY BIAŁY MUS Z NASIONAMI CHIA I LEŚNYMI OWOCAMI

SKŁADNIKI (DLA 2 OSÓB):

- 100 g płatków owsianych (bezglutenowych)
- 2 łyżki wiórków kokosowych
- 1 banan
- 2 łyżki syropu klonowego (lub miód)
- 2 łyżki nasion chia
- 200 ml mleka kokosowego
- ½ łyżeczki cynamonu
- garść wiórków do posypania
- ½ szklanki owoców leśnych

PRZYGOTOWANIE:

Płatki podgrzałam na mleku kokosowym, dodałam nasiona chia oraz syrop klonowy, banan i wiórki kokosowe. Wszystko wymieszałam i przełożyłam do miseczki.

Na wierzchu ułożyłam owoce leśne.

207 kcal

CZEKOLADOWE CIASTO Z BURAKÓW – MOJE ULUBIONE!

SKŁADNIKI (DLA 4 OSÓB):

- **300 g ugotowanych buraków (można również użyć surowych, ścierając je drobno na tarce. Z gotowanymi jest łatwiej. Gotuję w całości, a skórka schodzi z nich potem sama).**
- **3 miękkie daktyle, moczone wcześniej we wrzątku 20–30 minut**
- **2 łyżki kakao lub kilka kostek gorzkiej czekolady (rozpuszczonej)**
- **szczypta sody oczyszczonej**
- **szczypta cynamonu**
- **2 łyżki oleju kokosowego**
- **100 g mąki kasztanowej**
- **⅓ szklanki żurawiny (namoczonej wcześniej we wrzątku)**

PRZYGOTOWANIE:

Buraki zmieliłam z daktylami (nie za mocno). Dodałam pozostałe składniki i wszystko razem wymieszałam. Przełożyłam ciasto do niedużej foremki i wstawiłam do rozgrzanego piekarnika (z termoobiegiem) na ok. 50 minut. Piekłam w 180°C. Ciasto pozostawiłam w piekarniku do ostygnięcia. Na wystudzone ciasto nałożyłam krem z awokado (pudding, przepis na str. 268). Ozdobiłam owocami.

589 kcal

TROPIKALNA OWOCOWA SAŁATKA MOCY

SKŁADNIKI (DLA 1 OSOBY):

- 1 kokos (przekrojony na pół) do ozdoby
- ½ szklanki malin
- ½ szklanki ananasa (drobno pokrojonego)
- 1 jabłko
- ½ szklanki wiórków kokosowych
- liście mięty
- cynamon
- kilka kropel soku z cytryny

PRZYGOTOWANIE:

Wszystkie składniki wymieszałam i skropiłam sałatkę sokiem z cytryny.

400 kcal

CHLEB BANANOWY

SKŁADNIKI (DLA 4 OSÓB):

- 4 jajka
- 4 dojrzałe banany
- 2 łyżki miodu lub syropu klonowego
- 100 g mąki kokosowej
- 50 g oleju kokosowego
- ½ łyżeczki sody oczyszczonej
- ½ łyżeczki soli morskiej
- 1 łyżeczka proszku do pieczenia (bezglutenowego)

PRZYGOTOWANIE:

Banany rozgniotłam widelcem, dodałam jajka, miód i zblendowałam. Następnie dodałam mąkę kokosową oraz resztę składników i dokładnie wymieszałam. Przelałam ciasto do foremki nasmarowanej tłuszczem i piekłam ok. 40 minut w 180°C.

80 kcal SZT.

ŚLIWKI I DAKTYLE W CZEKOLADZIE

SKŁADNIKI (20 SZT.):

- **10 suszonych śliwek**
- **10 daktyli**
- **150 g gorzkiej czekolady**
- **1 łyżka oleju kokosowego (opcjonalnie)**

PRZYGOTOWANIE:

Śliwki i daktyle moczyłam w wodzie przez 2 godziny, wysuszyłam je w ręczniku papierowym. W garnku rozpuściłam czekoladę z olejem. Na wykałaczki wbijałam śliwki i zanurzałam je w czekoladzie, trzymając chwilę nad garnkiem, by czekolada spłynęła, po czym układałam je na talerzu. Z daktyli usunęłam pestki (można do środka włożyć migdały) i maczałam je w czekoladzie. Oblane czekoladą śliwki i daktyle włożyłam do lodówki.

299 kcal

PUDDING Z AWOKADO I KAKAO

SKŁADNIKI (DLA 4 OSÓB):

- 3 duże dojrzałe awokado (obrane i bez pestek)
- 2 łyżki kakao w proszku
- 1 łyżka cukru kokosowego lub syropu klonowego
- 2–3 miękkie daktyle bez pestek (jeśli są suszone, zalać je wcześniej wrzątkiem na ok. 30 min)
- ⅓ szklanki mleka kokosowego lub innego roślinnego
- szczypta soli morskiej, gruboziarnistej
- szczypta wanilii
- szczypta cynamonu
- kilka kropel cytryny
- ½ szklanki posiekanych migdałów

PRZYGOTOWANIE:

Wszystkie składniki (oprócz migdałów i soli) zmiksowałam w blenderze (można w robocie kuchennym). Na koniec poprószyłam solą i wymieszałam (sól nada oryginalny smak – pudding będzie słono-słodki). Na dnie szklanek rozsypałam posiekane migdały, nałożyłam krem z awokado, a wierzch ozdobiłam owocami.

232 kcal

BUDYŃ Z KASZY GRYCZANEJ

SKŁADNIKI (DLA 2 OSÓB):

- 1½ szklanki ugotowanej na sypko kaszy gryczanej lub komosy ryżowej
- 1 łyżka miodu lub syropu klonowego albo daktylowego
- 1 łyżka kakao lub karobu
- 1 łyżka masła kokosowego
- garść suszonych malin lub innych suszonych owoców
- wiórki kokosowe (do posypania)
- cynamon
- ½ łyżeczki domowego cukru waniliowego
- banan (do dekoracji)

PRZYGOTOWANIE:

Kakao lub karob, masło klarowane, miód, cynamon i cukier waniliowy zblendowałam z gorącą kaszą. Na talerzach ozdobiłam malinami, bananem i wiórkami.

PRZEPIS NA DOMOWY CUKIER WANILIOWY

Wystarczy kupić 2–3 laski wanilii. Wydrążony z nich miąższ z ziarenkami zmiksować z 2 szklankami cukru kokosowego. Wydrążone laski wstawić do słoika i zasypać cukrem z ziarnami. Gotowe! To zdrowszy i chyba nawet tańszy produkt niż sklepowy cukier wanilinowy.

312 kcal

CIASTO Z DYNI I POMARAŃCZY

SKŁADNIKI (DLA 4 OSÓB):

- **1 szklanka purée z dyni hokkaido**
- **skórka starta z jednej pomarańczy**
- **1 szklanka zmielonych migdałów**
- **⅓ szklanki cukru kokosowego lub innego zdrowego słodu, np. miód, syrop klonowy**
- **2 jajka**
- **1 łyżka oleju kokosowego**
- **1 łyżeczka proszku do pieczenia (bezglutenowego)**
- **½ łyżeczki sody oczyszczonej**
- **1 łyżeczka ekstraktu z wanilii**
- **1 łyżeczka cynamonu**
- **¼ łyżeczki gałki muszkatołowej**
- **¼ łyżeczki goździków (zmielonych)**

PRZYGOTOWANIE:

Ugotowałam obraną dynię i odsączyłam z wody. Sparzyłam pomarańczę i starłam na tarce o drobnych oczkach. Ubiłam białka z cukrem kokosowym. W średniej misce dokładnie wymieszałam wszystkie składniki. Powstałą masę wlałam do foremki 8 × 8 cm (blaszkę trzeba wcześniej wysmarować tłuszczem lub wyłożyć papierem do pieczenia). Piekłam przez ok. 30 minut w 180°C (w piekarniku z termoobiegiem). Pozostawiłam w piekarniku do wystygnięcia. Później wierzch posypałam surową czekoladą.

200 kcal

LODY KOKOSOWE

SKŁADNIKI (DLA 4 OSÓB):

- **250 ml gęstego mleczka kokosowego**
- **3 łyżki syropu klonowego lub miodu**
- **½ szklanki kawałków czekolady gorzkiej**
- **½ szklanki leśnych owoców: malin, jagód, jeżyn itp.**

PRZYGOTOWANIE:

Mleko wstawiłam do lodówki na 2–3 godziny, potem je otworzyłam i przelałam do pojemnika, dodałam syrop lub miód. Wszystko zblendowałam. Następnie przygotowałam pojemniki do lodów, wypełniłam je do połowy czekoladowymi kawałkami, uzupełniłam owocami. Zalałam mlekiem zblendowanym z syropem (można z miodem). Wstawiłam na noc do zamrażalnika.

450 kcal

MUS RÓŻOWY OWOCOWO-WARZYWNY

SKŁADNIKI (DLA 1 OSOBY):

- 1 awokado
- 1 dojrzały banan
- 1 ugotowany burak
- 50 ml soku z porzeczki
- ½ granatu

PRZYGOTOWANIE:

Zblendowałam wszystkie składniki, oprócz granatu, którym posypałam potem mus.

09

KOKTAJLE

120 kcal

ANTYBAKTERYJNE » ANTYWIRUSOWE » ANTYGRZYBICZNE » BOGATE W TŁUSZCZE MCT

DOMOWE MLEKO KOKOSOWE

SKŁADNIKI (DLA 8 OSÓB):

- **4 szklanki wody filtrowanej**
- **2 szklanki wiórków kokosowych**

PRZYGOTOWANIE:

W garnku doprowadziłam wodę do wrzenia, wsypałam wiórki kokosowe i ugotowałam, a następnie miksowałam aż do uzyskania jednolitej konsystencji. Tak otrzymane mleko przecedziłam przez sitko, naciskając dłońmi na masę. Przelałam mleko do szklanego pojemnika. Przechowywałam w lodówce. Przed otwarciem pojemnika dobrze nim wstrząsnęłam.

290 kcal

POMAGA ODBUDOWAĆ ZASOBY ENERGETYCZNE PO TRENINGU » WZMACNIA SERCE » POPRAWIA NASTRÓJ » ANTYOKSYDACYJNE » DOSTARCZA DUŻĄ DAWKĘ WITAMINY C » OBNIŻA WE KRWI POZIOM ZŁEGO CHOLESTEROLU » STABILIZUJE CIŚNIENIE TĘTNICZE KRWI

CZEKOLADOWA ODNOWA SPORTOWCA

(po treningu)

SKŁADNIKI (DLA 1 OSOBY):

- **1 szklanka porzeczek**
- **1 banan**
- **100 g szpinaku**
- **1 łyżka kakao**
- **30 g białka roślinnego o smaku wanilii**
- **woda**
- **⅓ łyżeczki cynamonu**

PRZYGOTOWANIE:

Wszystkie składniki włożyłam do robota kuchennego (można do wysokiego naczynia) i blendowałam do uzyskania jednolitej konsystencji. Dodałam kostki lodu i ponownie zblendowałam.

GEM.

260 kcal

WZMACNIA MIĘŚNIE » WZMACNIA KOŚCI » JEST SILNYM PRZECIWUTLENIACZEM » POPRAWIA WITALNOŚĆ

KOKTAJL BANANOWY Z NASIONAMI KONOPI

(po treningu)

SKŁADNIKI (DLA 2 OSÓB):

- 2 mrożone banany
- 2 łyżki łuskanych nasion konopi
- 1 łyżka masła migdałowego
- 1 łyżka oleju kokosowego
- 1 łyżeczka ekstraktu z wanilii
- 1–2 filiżanki mleka migdałowego
- kostki lodu (opcjonalnie, dla lepszej konsystencji)

PRZYGOTOWANIE:

Do zamrażalnika włożyłam na 3 godziny pokrojone w talarki banany. Wszystkie składniki wrzuciłam do robota kuchennego (można do wysokiego naczynia) i blendowałam do uzyskania jednolitej konsystencji. Dodałam kostki lodu i ponownie zblendowałam.

PRZECIWDZIAŁA NUDNOŚCIOM W CIĄŻY » POPRAWIA KONCENTRACJĘ I PAMIĘĆ » ANTYSTRESOWE » WZMACNIA WŁOSY I PAZNOKCIE

175 kcal

MLEKO MIGDAŁOWE

SKŁADNIKI (DLA 4 OSÓB):

- **1 szklanka migdałów namoczonych w wodzie**
- **3½ filiżanki wody filtrowanej**
- **2-4 daktyle (do smaku)**
- **1 cała laska wanilii (posiekana) lub ½ łyżeczki ekstraktu z wanilii**
- **¼ łyżeczki cynamonu**
- **szczypta soli morskiej**

PRZYGOTOWANIE:

Migdały wrzuciłam do miski, przykryłam je wodą, pozostawiłam na noc (ok. 8 godzin). Rano opłukałam je i dobrze osuszyłam. Następnie wrzuciłam do blendera, dodałam wodę, daktyle i wanilię. Miksowałam na największych obrotach przez 1 minutę. Masę przełożyłam do woreczka służącego jako sitko. Przez mały otwór wyciskałam mleko do miski (może to potrwać kilka minut, więc trzeba być cierpliwym!). Wymieszałam z solą morską i cynamonem. Przechowywałam w lodówce do 3-4 dni.

140 kcal

WZMACNIA MIĘŚNIE » WZMACNIA KOŚCI » ZWIĘKSZA ODPORNOŚĆ

ZASTRZYK ENERGII

(przed treningiem)

SKŁADNIKI (DLA 2 OSÓB):

- 1 jabłko
- 50 g szpinaku
- 2 marchewki
- 1 pomarańcza
- 1 burak
- 25 g imbiru
- szczypta pieprzu cayenne

PRZYGOTOWANIE:

Owoce i warzywa sparzyłam wrzątkiem, obrałam, włożyłam do naczynia i zblendowałam z przyprawami.

240 kcal

ANTYOKSYDANT » ZAWIERA DUŻO WITAMINY C » POPRAWIA KONDYCJĘ SKÓRY » WZMACNIA KOŚCI » ZWIĘKSZA ODPORNOŚĆ » DZIAŁA PRZECIWSTRESOWO

ALOESOWA ODNOWA SKÓRY

SKŁADNIKI (DLA 2 OSÓB):

- **2 jabłka**
- **1 cytryna**
- **5 cm świeżego obranego aloesu lub 25 ml wyciągu z aloesu w płynie**
- **2 gruszki**
- **½ pęczka pietruszki**
- **woda**

PRZYGOTOWANIE:

Wszystkie składniki włożyłam do robota kuchennego (można do wysokiego naczynia) i blendowałam do uzyskania jednolitej konsystencji. Można dodać lód.

POPRAWIA KONDYCJĘ SKÓRY » POPRAWIA TRAWIENIE » DZIAŁA ROZKURCZOWO » POPRAWIA WZROK » ZWIĘKSZA ODPORNOŚĆ

184 kcal

ODŻYWCZY SOK DLA DUŻEGO I MAŁEGO DZIECIAKA

SKŁADNIKI (DLA 2 OSÓB):

- **4 marchewki surowe**
- **1 słodkie obrane jabłko**
- **1 ugotowany słodki ziemniak (ok. 200 g)**

PRZYGOTOWANIE:

Wszystkie składniki włożyłam do robota kuchennego (można do wysokiego naczynia) i blendowałam do uzyskania jednolitej konsystencji.

OCZYSZCZA » WZMACNIA UKŁAD ODPORNOŚCIOWY » DZIAŁA PRZECIWZAPALNIE

240 kcal

detoks DLA SKÓRY

SKŁADNIKI (DLA 1 OSOBY):

- 1 jabłko (bez skórki)
- 1 duży ogórek surowy (bez skórki)
- sok z 1 cytryny
- 100 g szpinaku
- 1 szklanka truskawek

PRZYGOTOWANIE:

Wszystkie składniki włożyłam do robota kuchennego (można do wysokiego naczynia) i blendowałam do uzyskania jednolitej konsystencji.

USUWA Z ORGANIZMU SZKODLIWE SUBSTANCJE » POPRAWIA KRĄŻENIE » PRZECIWDZIAŁA ZATRZYMYWANIU PŁYNÓW W ORGANIZMIE » WZMACNIA WĄTROBĘ

150 kcal

WYTRAWNY ODTRUWACZ

SKŁADNIKI (DLA 1 OSOBY):

- **1 szklanka herbaty z pokrzywy**
- **1 gruszka**
- **1 garść szpinaku**
- **1 garść rzeżuchy**

PRZYGOTOWANIE:

Wszystkie składniki włożyłam do robota kuchennego (można do wysokiego naczynia) i blendowałam do uzyskania jednolitej konsystencji. Dodałam kostki lodu i ponownie zblendowałam.

250 kcal

WZMACNIA KOŚCI » DZIAŁA PRZECIWSTRESOWO » REGULUJE PRACĘ UKŁADU POKARMOWEGO

FIGOWY KOKTAJL

POPRAWIAJĄCY TRAWIENIE

SKŁADNIKI (DLA 3 OSÓB):

- **6 fig (najlepiej świeżych, jeśli suszonych, to wcześniej moczonych we wrzątku przez ok. 30 minut)**
- **1 szklanka malin**
- **½ ogórka (bez skórki)**
- **150 g boćwiny**
- **woda**

PRZYGOTOWANIE:

Wszystkie składniki włożyłam do robota kuchennego (można do wysokiego naczynia) i blendowałam do uzyskania jednolitej konsystencji. Dodałam kostki lodu i ponownie zblendowałam.

240 kcal

» WZMACNIA ORGANIZM » OCZYSZCZA » ZWIĘKSZA WITALNOŚĆ » POLECANY PRZY NIEDOCZYNNOŚCI TARCZYCY » ANTYNOWOTWOROWY » ANTYWIRUSOWY » PRZECIWBAKTERYJNY

KOPNIAK MOCY

(przed treningiem)

SKŁADNIKI (DLA 1 OSOBY):

- 1 szklanka rzeżuchy
- 1 dojrzały banan
- 1 daktyl
- 1 jabłko
- ½ łyżeczki kurkumy
- 1 łyżeczka sproszkowanego korzenia macy (opcjonalnie)
- woda

PRZYGOTOWANIE:

Wszystkie składniki włożyłam do robota kuchennego (można do wysokiego naczynia) i blendowałam do uzyskania jednolitej konsystencji.

UP
ANNA LEWANDOWSKA

170
kcal

USUWA WODĘ Z ORGANIZMU » POPRAWIA TRAWIENIE

KOKTAJL WAKACYJNY

SKŁADNIKI (DLA 1 OSOBY):

- **100 g ananasa**
- **1 szklanka malin**
- **1 łyżka babki płesznik**
- **garść mięty**
- **3 mandarynki**

PRZYGOTOWANIE:

Wszystkie składniki włożyłam do robota kuchennego (można do wysokiego naczynia) i blendowałam do uzyskania jednolitej konsystencji. Dodałam kostki lodu i ponownie zblendowałam.

275 kcal

UZUPEŁNIA ZASOBY ENERGETYCZNE PO TRENINGU » ZWIĘKSZA WYTRZYMAŁOŚĆ » POPRAWIA LIBIDO » ANTYDEPRESYJNY

KOKTAJL DLA AKTYWNYCH

(po treningu)

SKŁADNIKI (DLA 2 OSÓB):

- **1 banan**
- **1 awokado**
- **1 łyżka kakao**
- **1 łyżeczka sproszkowanej macy**
- **szczypta cynamonu**
- **100 ml mleka kokosowego**

PRZYGOTOWANIE:

Wszystkie składniki włożyłam do robota kuchennego (można do wysokiego naczynia) i blendowałam do uzyskania jednolitej konsystencji. Dodałam kostki lodu i ponownie zblendowałam.

280 kcal

ANTYBAKTERYJNY » ANTYWIRUSOWY » ANTYGRZYBICZNY » PRZECIWPASOŻYTNICZNY

ŻEGNAJCIE PATOGENY

SKŁADNIKI (DLA 1 OSOBY):

- **1 awokado**
- **sok z 1 cytryny**
- **1 łyżeczka czarnuszki (zmielone ziarna) lub 1 łyżeczka oleju z czarnuszki**
- **5 kropel olejku z oregano**
- **100 g szpinaku**
- **woda**

PRZYGOTOWANIE:

Wszystkie składniki włożyłam do robota kuchennego (można do wysokiego naczynia) i blendowałam do uzyskania jednolitej konsystencji.

DAMIEN HIRST

15 kcal

POBUDZA » POPRAWIA PERYSTALTYKĘ JELIT » DZIAŁA PRZECIWOBRZĘKOWO » POPRAWIA KRĄŻENIE KRWI » WSPOMAGA PRACĘ MÓZGU » DZIAŁA PRZECIWZAPALNIE » WZMACNIA SERCE » POPRAWIA PAMIĘĆ

TONIK NA DZIEŃ DOBRY

SKŁADNIKI (DLA 1 OSOBY):

- **1 szklanka gorącej wody**
- **kawałek startego świeżego imbiru (wielkości kciuka)**
- **½ łyżeczki kurkumy**
- **1 łyżeczka miodu**
- **szczypta pieprzu cayenne**

PRZYGOTOWANIE:

Wodę zagotowałam, dodałam imbir, pieprz i kurkumę. Wymieszałam. Odstawiłam pod przykryciem do lekkiego przestygnięcia. Dodałam łyżeczkę miodu.

DOMOWE IZOTONIKI

1. 160 kcal

SKŁADNIKI (DLA 4 OSÓB):

- 200 ml zagęszczonego soku owocowego
- 800 ml wody
- 1 łyżeczka soli himalajskiej/morskiej

2. 35 kcal

SKŁADNIKI (DLA 4 OSÓB):

- 4 płaskie łyżki miodu
- 900 ml wody
- sok z 1 cytryny/limonki
- 1 łyżeczka soli himalajskiej/morskiej

3. 105 kcal

SKŁADNIKI (DLA 4 OSÓB):

- ½ litra soku jabłkowego
- sok z ½ cytryny
- 2 płaskie łyżki miodu
- 400 ml naparu z mięty/pokrzywy
- 1 łyżeczka soli himalajskiej/morskiej

4. 10 kcal

SKŁADNIKI (DLA 6 OSÓB):

- 2 łyżki miodu
- 1½ litra wody średniozmineralizowanej
- 1 łyżeczka soli himalajskiej/morskiej

PRZYGOTOWANIE:

Wszystkie składniki włożyłam do robota kuchennego (można do wysokiego naczynia) i blendowałam do uzyskania jednolitej konsystencji.

120 kcal

WZMACNIA ODPORNOŚĆ » DZIAŁA PRZECIWWIRUSOWO » POBUDZA ORGANIZM DO DZIAŁANIA

STOP GRYPIE!

SKŁADNIKI (DLA 1 OSOBY):

- **1 łyżka miodu**
- **⅓ łyżeczki pieprzu cayenne**
- **⅓ ząbka czosnku**
- **12 g imbiru (kawałek wielkości kciuka)**
- **½ pomarańczy**
- **½ cytryny**

PRZYGOTOWANIE:

Wszystkie składniki włożyłam do robota kuchennego (można do wysokiego naczynia) i blendowałam do uzyskania jednolitej konsystencji.

290 kcal

WZMACNIA MIĘŚNIE » POPRAWIA WITALNOŚĆ » OBNIŻA POZIOM ZŁEGO CHOLESTEROLU » DZIAŁA ANTYOKSYDACYJNIE

KOKTAJL BIKINI

(przed treningiem)

SKŁADNIKI (DLA 2 OSÓB):

- 20 g białka roślinnego
- 1 szklanka jagód
- 1 łyżka masła migdałowego
- 1 garść młodego szpinaku
- 1 garść rukoli
- ½ awokado
- ½ łyżki cynamonu
- 1 łyżka wiórków kokosowych
- 1 szklanka lodu
- 2 szklanki mleka migdałowego

PRZYGOTOWANIE:

Obrałam awokado, przekroiłam, usunęłam pestkę. Wszystkie składniki włożyłam do robota kuchennego (można do wysokiego naczynia) i blendowałam do uzyskania jednolitej konsystencji. Dodałam kostki lodu i ponownie zblendowałam.

PRZYSPIESZA SPALANIE TKANKI TŁUSZCZOWEJ » ZWIĘKSZA ODPORNOŚĆ » WZMACNIA KOŚCI » DODAJE ENERGII

90 kcal

SPALACZ TŁUSZCZU

(przed treningiem)

SKŁADNIKI:

- 50 g rukoli
- 50 g imbiru
- sok z ½ cytryny
- 2 marchewki
- ⅓ łyżeczki pieprzu cayenne
- woda kokosowa

PRZYGOTOWANIE:

Wszystkie składniki włożyłam do robota kuchennego (można do wysokiego naczynia) i blendowałam do uzyskania jednolitej konsystencji.

260 kcal

USPOKAJA » REDUKUJE ZMĘCZENIE » OBNIŻA CIŚNIENIE KRWI » OBNIŻA POZIOM ZŁEGO CHOLESTEROLU » NAWADNIA » POLEPSZA TRAWIENIE » ZAPOBIEGA INFEKCJOM UKŁADU MOCZOWEGO

PIETRUSZKOWY BOOSTER DLA SPORTOWCÓW

(po treningu)

SKŁADNIKI (DLA 2 OSÓB):

- **2 jabłka (bez skórki)**
- **1 banan**
- **2 szklanki wody kokosowej**
- **½ pęczka pietruszki**
- **10-20 g białka roślinnego**

PRZYGOTOWANIE:

Wszystkie składniki włożyłam do robota kuchennego (można do wysokiego naczynia) i blendowałam do uzyskania jednolitej konsystencji.

DODAJE ENERGII » POPRAWIA PAMIĘĆ » REGENERUJE » ODBUDOWUJE ZASOBY ENERGETYCZNE » ZWIĘKSZA LIBIDO » ZWIĘKSZA ODPORNOŚĆ

342 kcal

KOKTAJL MOCY Z ŻÓŁTKIEM

(przed treningiem, po treningu)

SKŁADNIKI (DLA 2 OSÓB):

- **1 banan**
- **1 mango średniej wielkości**
- **150 ml wody kokosowej**
- **15 g sproszkowanego korzenia macy**
- **szczypta kurkumy**
- **jedno lub dwa żółtka**

PRZYGOTOWANIE:

Umyłam i obrałam owoce. Wszystkie składniki oprócz jajka zmiksowałam. Jajko sparzyłam wrzątkiem. Oddzieliłam białko od żółtka, żółtko dodałam do koktajlu i zmiksowałam.

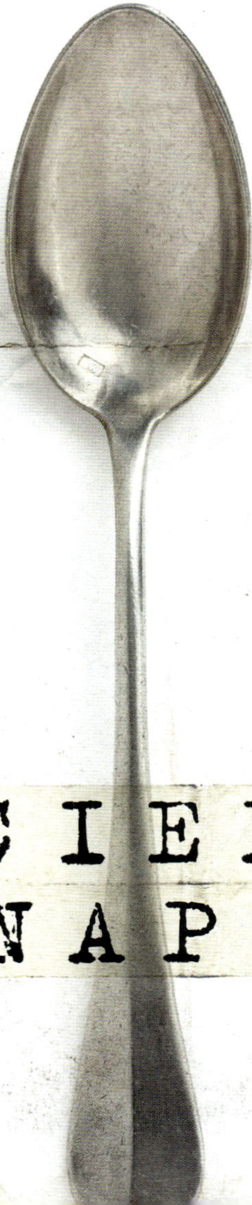

10 CIEPŁE NAPOJE

200 kcal

KULOODPORNA KAWA

SKŁADNIKI (NA 1 PORCJĘ):

- 2 łyżeczki masła klarowanego
- 2 łyżeczki oleju kokosowego
- 2 filiżanki parzonej gorącej kawy
- szczypta cynamonu i kardamonu
- mleko kokosowe do smaku (opcjonalnie)

PRZYGOTOWANIE:

Wszystkie składniki zblendowałam – wytworzyła się lekka pianka. Można też mleko kokosowe spienić jak do przyrządzania cappuccino.

IM GESPRÄ

40 kcal

KAWA
ROZGRZEWAJĄCA

(gotowana)

SKŁADNIKI (NA 1 PORCJĘ):

- 2 łyżeczki naturalnej zmielonej kawy
- szczypta imbiru
- szczypta cynamonu
- 1 łyżka miodu (opcjonalnie)
- 1½ szklanki wody
- 1 łyżka kakao 80%

PRZYGOTOWANIE:

Zagotowałam w garnku wodę, dodałam kawę, następnie cynamon, kardamon i imbir oraz kakao. Zaczekałam, aż przyprawy same opadną. Gotowałam ok. 5 minut, aż kawa zaczęła bulgotać. Odstawiłam z palnika na kilka minut, żeby fusy ponownie opadły. Przelałam do kubeczka i dosłodziłam miodem (według uznania). Taką kawę najlepiej pić 30 minut przed lub po posiłku.

healthy plan by ann

120 kcal

KILER

SKŁADNIKI (NA 1 PORCJĘ):

- 20 g imbiru
- zielona herbata
- ½ cytryny (w plasterkach)
- szczypta pieprzu cayenne
- 1 łyżeczka miodu (opcjonalnie)
- ½ jabłka w kawałkach
- ½ pomarańczy (w plasterkach)
- ok. 6 goździków

PRZYGOTOWANIE:

Zaparzyłam zieloną herbatę, owoce dokładnie umyłam, sparzyłam pomarańczę oraz cytrynę, aby zniwelować gorzki smak. Jabłka pokroiłam w ćwiartki, usunęłam gniazda nasienne, obrany imbir pokroiłam w cienkie plasterki. Następnie do kubka dodałam pozostałe składniki, a na samym końcu miód.

„NEVER GIVE UP
ANNA LEWANDOWSKA"

120
kcal

KISIEL
Z SIEMIENIA LNIANEGO Z SOKIEM Z ŻURAWINY

SKŁADNIKI (NA 1 PORCJĘ):

- **3 łyżki złocistego siemienia lnianego**
- **1½ szklanki wody**
- **100 ml soku z żurawiny**
- **1 łyżka ksylitolu**

PRZYGOTOWANIE:

Do rondelka wsypałam siemię lniane, zalałam wodą i gotowałam ok. 15 minut na małym ogniu. Odcedziłam ziarna, pozostawiłam płyn i dodałam sok z żurawiny oraz ksylitol. Wszystko wymieszałam. Gotowe do picia!

10 kcal

PORANNA ROZGRZEWKA DO PICIA

SKŁADNIKI (NA 1 PORCJĘ):

- 1 szklanka wrzątku
- ok. 10 g imbiru
- sok z ½ cytryny (lub wyciąg z pestek grejpfruta)
- szczypta pieprzu cayenne
- 3 łyżki octu jabłkowego

PRZYGOTOWANIE:

Do wrzątku dodałam starty imbir, następnie wycisnęłam sok z cytryny, dodałam pieprz i ocet. Wypiłam ciepłe.

0 kcal

NAPAR Z KŁĄCZA TATARAKU

PRZYGOTOWANIE:
Wieczorem: 1 łyżkę tataraku zalałam 1 szklanką chłodnej, przegotowanej wody, pozostawiłam na noc. Rano podgrzałam i przecedziłam.

RADA: Najlepiej brać jeden łyk przed jedzeniem oraz jeden po jedzeniu, czyli w ciągu dnia wypić ok. 1 szklanki naparu.

Ułatwia trawienie! Do rozgrzania i oczyszczenia organów trawiennych. Można stosować także w niedokrwistości i przy obrzękach. Osoby bardzo chude, które straciły na wadze mimo dobrego odżywiania się, powinny pić herbatkę z kłącza tataraku i od czasu do czasu brać kąpiel z dodatkiem tataraku. Tatarak pomaga na brak łaknienia i przy kłopotach z nerkami. Herbatkę z tataraku zaleca się dzieciom z celiakią. Powolne żucie kłącza przez palaczy może doprowadzić do odzwyczajenia się od palenia. W przypadku raka płuc polecane jest picie naparu w połączeniu z herbatką z krwawnika. Tatarak reguluje poziom kwasów żołądkowych, warto go stosować przy wszystkich schorzeniach trawiennych, nawet jeśli są uporczywe.

„NEVER
GIVE
UP"
ANNA LEWANDOWSKA

230 kcal

JESIENNY NAPÓJ DLA PUCHATKA

SKŁADNIKI (DLA 3 OSÓB):

- **1 dojrzały banan**
- **1 marchewka**
- **½ małej dyni**
- **2 jabłka**
- **1 łyżeczka cynamonu**
- **1 łyżeczka oleju kokosowego**
- **20 g imbiru (startego)**
- **1 łyżka miodu**

PRZYGOTOWANIE:

Banan i marchewkę pokroiłam w plasterki, a dynię i jabłka w kostki. Do rondelka wrzuciłam najpierw marchew i zalałam szklanką wody. Po 10 minutach gotowania dodałam dynię i jabłko. Dusiłam ok. 3 minut, dorzuciłam banan. Wszystko dusiłam do miękkości. Potem dodałam imbir, cynamon, wanilię oraz odrobinę oleju kokosowego, a na koniec łyżkę miodu (według uznania). Wszystko zmiksowałam i przelałam do kubeczka. Gotowe! Wypiłam ciepłe.

11

LUNCHBOX

Najłatwiej zapomnieć o zasadach prawidłowego odżywiania w sytuacjach, gdy musisz jeść poza domem. Szybko dochodzisz do wniosku, że przecież nie będziesz w pracy gotować sobie zupy, poza tym jesteś zestresowany i chcesz jak najprędzej zjeść coś treściwego, by nie tylko zaspokoić głód, ale też poprawić sobie nastrój. Lecisz więc w przerwie do najbliższego sklepu po gotową „sałatkę jarzynową" i bułkę lub wpadasz do punktu z fast foodem.

Jasne, że od tego nie umrzesz, ale stosując takie praktyki codziennie, nieźle sobie narozrabiasz w jelitach. Jest jeszcze jeden skutek takiego postępowania. Otóż kiedy przyzwyczajamy się do zdrowej wersji potraw, to działa układ: psychika + kubki smakowe, który stopniowo zapamiętuje, że zdrowe = smaczne. Z czasem okazuje się, że ukochany kiedyś sklepowy majonez lub zupka z torebki, spróbowane po tygodniach zdrowej diety – nie smakują! Majonez odbierasz jako tłustą maź pełną chemicznych polepszaczy, a zupkę instant nawet trudno Ci skomentować. I ja to codziennie jadłem? – pytasz niedowierzająco, bo już wiesz, jak smakuje danie przyrządzone ze świeżych surowców, doprawione ziołami, a nie chemią, pachnące i kolorowe.

Jeśli zaś często sobie odpuszczasz i w szkole, podróży czy w przerwach spotkania kupujesz drożdżówki lub batony, to Twoja psychika – i w ogóle cały organizm – jest zdezorientowana. Słodycze sklepowe i dania gotowe uzależniają. Chemiczne smaki są mocne i łatwo dajemy się uwieść ich wątpliwemu urokowi. Subtelnych smaków natury trzeba się nauczyć i mieć czysty umysł oraz zdrowe jelita, by je docenić.

ANNA LEWANDOWSKA
healthy plan by ann

Wyjście z tej sytuacji jest naprawdę proste. Wystarczy zrobić plan i w domu przygotować zdrowe danie na wynos – do szkoły, pracy, na podróż, nawet na spotkanie rodzinne, gdzie wiesz, że zostaną podane potrawy, które Ci ewidentnie nie służą. Nie urazisz nikogo, jeśli delikatnie odmówisz proponowanych dań i – by nie sprawiać kłopotu, wypakujesz własne. To na szczęście bardzo rzadkie sytuacje, ale dotyczą coraz liczniejszej grupy ludzi z nietolerancjami pokarmowymi i alergiami.

Do pudełek i słoików możesz włożyć blanszowane warzywa, porcję ryżu lub komosy ryżowej, warzywne muffinki, zdrowe słodycze, wszelkie sałatki z warzyw i np. kurczaka, nawet zupy, jeśli masz możliwość ich podgrzania w miejscu docelowym. A latem nawet zupy nie trzeba podgrzewać, bo chłodnik lub treściwe gazpacho z awokado jada się przecież na zimno. W tej książce i na moim blogu znajdziesz dużo przepisów na potrawy nadające się do lunchboksów.

Mówisz, że nie masz siły i czasu na szykowanie takich dań w domu? Wszystko jest kwestią dobrej organizacji i przyzwyczajenia. Ja po latach praktyki poruszam się po kuchni jak struś pędziwiatr. Trening czyni mistrza!

Celowo wybrałam przepisy na dania szybkie i łatwe w przygotowaniu.

Jeśli w lodówce czy spiżarni nie masz wszystkich składników, to improwizuj! Może właśnie w ten sposób odkryjesz jakieś pyszne dla siebie posiłki? ☺

50 kcal

KRWISTE GAZPACHO

SKŁADNIKI (DLA 6 OSÓB):

- 1 kg pomidorów
- 1 średnia czerwona papryka
- 1 surowy ogórek zielony
- 1 mała cebula, najlepiej słodka
- 1 ząbek czosnku
- 1 łyżka soku z limonki
- 2 szklanki soku pomidorowego (przecieru, bez cukru)
- 1 łyżeczka soli morskiej
- szczypta czerwonego pieprzu
- szczypta czarnego pieprzu
- 2 łyżki natki pietruszki
- 1½-3 łyżki czerwonego octu winnego (do smaku)

PRZYGOTOWANIE:

Do miski wrzuciłam sparzone, obrane i pokrojone pomidory, drobno pokrojoną paprykę (bez gniazd nasiennych), obrany ogórek, posiekaną cebulę i ząbek czosnku, sok z limonki oraz sok z pomidorów. Następnie dodałam resztę przypraw (sól, pieprze, posiekaną natkę pietruszki, ocet). Wszystko zmiksowałam. Włożyłam do lodówki.

„NEVER
GIVE
UP"
ANNA LEWANDOWSKA

380 kcal

KOKTAJL „ZIELONA MOC"

SKŁADNIKI (DLA 1 OSOBY):

- 100 g szpinaku
- 1 awokado
- 1 jabłko (zielone)
- sok z ½ cytryny
- 1 kiwi
- 1 łyżeczka siemienia lnianego

PRZYGOTOWANIE:

Umyłam szpinak, obrałam awokado i usunęłam z niego pestkę, obrałam jabłko oraz kiwi. Wszystkie surowce zblendowałam.

„NEVER
GIVE
UP"
ANNA LEWANDOWSKA

410 kcal

SAŁATKA Z KOMOSĄ RYŻOWĄ

SKŁADNIKI (DLA 2 OSÓB):

- 100 g młodego szpinaku
- pęczek szparagów
- 100 g sera feta
- 40 g suchej komosy ryżowej (czerwonej)
- 8–10 pomidorków koktajlowych
- 1 ząbek czosnku
- 4 łyżki oliwy
- ½ cytryny
- sól morska
- pieprz czarny
- tymianek
- szczypta chilli /kawałek papryczki chilli

PRZYGOTOWANIE:

Szpinak umyłam i osuszyłam w papierowym ręczniku. Szparagi umyłam, odcięłam zdrewniałe końcówki, włożyłam do głębokiego garnka (można na głęboką patelnię albo do wysokiego, wąskiego garnka) i gotowałam w posolonej wodzie ok. 15 minut. Ugotowałam komosę ryżową w wodzie, w stosunku 1:2 (15–20 minut). Do miski włożyłam szpinak, szparagi i pokrojone pomidorki. Dorzuciłam komosę.

W osobnym naczyniu przygotowałam dressing ze zmieszanych: oliwy, czosnku wyciśniętego przez praskę, chilli, soku z połowy cytryny, soli, pieprzu i tymianku. Sos dodałam do warzyw.

285
kcal

PLACKI Z BANANA

SKŁADNIKI (DLA 2 OSÓB):

- 2 banany
- 3 jajka
- 2 łyżki mąki kokosowej
- szczypta cynamonu
- wiórki kokosowe (do posypania)
- olej kokosowy (do smażenia)

PRZYGOTOWANIE (BANALNIE PROSTE):

Wszystkie składniki zmiksowałam, ciasto wylałam w formie placków na patelnię i smażyłam na oleju kokosowym. Dodatkowo w piekarniku upiekłam jeden banan. Placki i banan posypałam wiórkami kokosowymi. Gotowe!

12

WIELKANOC

320
kcal

BABKA
WIELKANOCNA

SKŁADNIKI (DLA 4 OSÓB):

- 5 białek
- 1 jajko
- ½ szklanki mąki ryżowej
- ½ szklanki wiórków kokosowych
- 4 łyżki miodu
- 3 łyżki masła klarowanego lub oleju kokosowego
- płaska łyżeczka bezglutenowego proszku do pieczenia
- garść rodzynek
- płaska łyżeczka ekstraktu waniliowego
- szczypta soli

PRZYGOTOWANIE:

Przesianą mąkę wymieszałam z proszkiem i wiórkami. W misce dokładnie ubiłam białka, potem przełączyłam mikser na wolne obroty i nadal ubijając, dodawałam stopniowo miód, ekstrakt, masło, roztrzepane wcześniej jajko i powoli mąkę z wiórkami. Formę wysmarowałam olejem kokosowym i oprószyłam mąką, przelałam do niej ciasto. Piekłam 20 minut w 180°C. Polewę przygotowałam ze stopionej gorzkiej czekolady zmieszanej z olejem kokosowym.

310 kcal

KREM CZEKOLADOWY

SKŁADNIKI (DLA 2 OSÓB):

- 8 daktyli
- 150 ml mleka ryżowego
- ½ tabliczki czekolady gorzkiej (lub 3 łyżki kakao)
- sok z ½ cytryny
- szczypta chilli

PRZYGOTOWANIE:

Daktyle ugotowałam w mleku. Rozpuściłam czekoladę (można zastąpić kakao). Dodałam pozostałe składniki i wszystkie wymieszałam.

240 kcal

BEZGLUTENOWA, WEGAŃSKA TARTA WIELKANOCNA/ BEZGLUTENOWY MAZUREK NA OWSIANYM SPODZIE Z KREMEM

SKŁADNIKI (DLA 8 OSÓB):

CIASTO:

- **180 g płatków owsianych (bezglutenowych)**
- **50 g oleju kokosowego lub masła klarowanego**
- **2 łyżki siemienia lnianego (lub jajko)**
- **2 łyżki mąki ziemniaczanej**
- **szczypta soli morskiej**
- **3 łyżki syropu daktylowego lub klonowego albo miód**

POLEWA:

- **2 awokado**
- **4 łyżki kakao**
- **2 łyżki syropu klonowego lub miodu**
- **50 ml mleka roślinnego**

OZDOBA:

- **maliny**
- **truskawki**

PRZYGOTOWANIE:

CIASTO:

Zmiksowałam w robocie kuchennym płatki owsiane, osobno zmiksowałam siemię lniane i wymieszałam z 4 łyżkami wrzątku (można zastąpić jajkiem). Wszystkie składniki wymieszałam. Do okrągłej foremki o średnicy 25 cm wyłożyłam ciasto, ugniatając jego brzegi. Piekłam ok. 10 minut w 180°C. Wyjęłam ciasto, żeby przestygło.

POLEWA:

Awokado i inne składniki na krem zmiksowałam, tak by uzyskać jednolitą kremową konsystencję. Wyłożyłam krem na tartę i wstawiłam ją do lodówki. Ozdobiłam malinami i truskawkami.

MAZUREK

260 kcal

SKŁADNIKI (NA 8 PORCJI):

CIASTO:

- **100 g mąki ryżowej**
- **100 g mąki kukurydzianej**
- **2 łyżki mąki ziemniaczanej**
- **70 g masła klarowanego**
- **2 łyżki siemienia lnianego (lub jajko)**
- **60 g syropu ryżowego**
- **soda, sól**

Ozdoby: powidła, czekolada, ozdóbki

MASA:

- **8 daktyli**
- **50 ml śmietany ryżowej**
- **1 łyżeczka masła klarowanego**
- **2 łyżki kakao**
- **4 łyżki rumu**

PRZYGOTOWANIE:

Wszystkie składniki spodu dokładnie wymieszałam, lekko zmiksowałam. Pokroiłam na prostokąty, wokół nich zrobiłam wałeczki. Piekłam 15 minut w 180°C. Zostawiłam do pełnego ostygnięcia.

Daktyle ugotowałam w śmietanie, dodałam do nich resztę składników masy i wszystko zmiksowałam. Na chłodny spód wyłożyłam masę. Ozdobiłam porzeczkowymi powidłami i rozpuszczoną czekoladą.

120 kcal

JAJA FASZEROWANE MAJONEZEM Z AWOKADO

SKŁADNIKI:

- 5 jajek
- ½ dojrzałego awokado
- ½ ząbka czosnku
- sól morska, pieprz (do smaku)
- garść szczypiorku
- masło kokosowe

PRZYGOTOWANIE:

PASTA:

Pół dojrzałego awokado, pół ząbka czosnku, sól morska i pieprz – wszystko zmiksowałam.

JAJKA:

Pięć jajek ugotowałam na twardo i przekroiłam je wzdłuż tak, aby nie pokruszyć skorupek, które ostrożnie opróżniłam. Do masy z awokado dodałam jajka usunięte ze skorupek i garść szczypiorku. Doprawiłam przyprawami i zblendowałam. Masę przełożyłam do skorupek i podsmażyłam na maśle kokosowym.

ŻUREK Z JAJKIEM *BY ANN*

440 kcal

SKŁADNIKI (DLA 6 OSÓB):

- **1 l wywaru warzywnego**

SKŁADNIKI NA WYWAR:

- **1,5 l wody**
- **2 marchewki**
- **1 pietruszka**
- **kawałek selera**
- **por**
- **1 mała cebula**
- **1 ząbek czosnku**
- **2 liście laurowe**
- **ziele angielskie**
- **½ l zakwasu na żurek**
- **½ kg białej kiełbasy**
- **100 g boczku**
- **1 ząbek czosnku**
- **1 łyżka majeranku**
- **4–6 Ziarna pieprzu**
- **2–4 Ziarna ziela angielskiego**
- **1 listek laurowy**
- **sól morska**
- **1 szklanka jogurtu/ śmietanki roślinnej**
- **warzywa z wywaru zmiksowane**

DO PODANIA:

- **4 jajka**

PRZYGOTOWANIE:

Do garnka z wodą dodałam obrane warzywa oraz przyprawy. Gotowałam do miękkości, a następnie wszystko odcedziłam.

Do garnka z wywarem włożyłam białą kiełbasę (pokroiłam ją w plastry) oraz zakwas na żurek. Gotowałam ok. pół godziny, dodając liść laurowy, majeranek, ziarna ziela angielskiego oraz posiekany czosnek. Po pół godzinie dodałam boczek – pokrojony w cienkie plasterki i gotowałam jeszcze 10 minut. Zmiksowałam warzywa z wywaru i zagęściłam nimi zupę (zamiast mąką). Dodałam jogurt/śmietankę roślinną i wymieszałam. Jeśli preferujesz bardziej kwaskowaty smak – dodaj pół szklanki soku z kiszonych ogórków.

Odstawiłam żurek na około 2 godziny, aby był bardziej aromatyczny. W osobnym garnku ugotowałam jajka i dodałam do zupy.

13
BOŻE NARODZENIE

290 kcal

PIECZONY DORSZ W KORZENNYCH PRZYPRAWACH

SKŁADNIKI (NA 4 PORCJE):

- dorsz w całości
- olej rydzowy
- ½ łyżeczki przyprawy korzennej (cynamon, kardamon, goździki, gałka muszkatołowa)
- 1 łyżka przyprawy masala
- szczypta czosnku w przyprawie
- 3 gałązki świeżego rozmarynu
- szczypta soli morskiej
- szczypta kurkumy
- cytryna
- ocet balsamiczny

PRZYGOTOWANIE:

Rybę dokładnie umyłam i ponacinałam skórę. W osobnej miseczce przygotowałam marynatę: olej rydzowy, przyprawy korzenne, czosnek, masala, kurkuma, ocet balsamiczny i sól morska. Następnie miksturą natarłam rybę, a do środka włożyłam dwa plasterki cytryny oraz świeży rozmaryn. Tak przygotowanego dorsza włożyłam na 2 godziny do lodówki, po czym wyjęłam z jego środka cytrynę, a rybę włożyłam do żaroodpornego naczynia. Piekłam w 200°C około 30 minut.

KROKIETY Z PAPIERU RYŻOWEGO

(bez smażenia, bez glutenu)

SKŁADNIKI (NA OK. 6–8 SZTUK):

- 1 szklanka drobno posiekanych, suszonych borowików (zalanych wrzątkiem i moczonych przez godzinę)
- ½ szklanki ugotowanej, pokrojonej w kosteczkę dyni
- sól morska
- pieprz czarny
- sos tamari
- sos balsamico
- 6–8 papierów ryżowych

PRZYGOTOWANIE:

W małym rondelku dusiłam przez 10 minut borowiki, dodałam dynię, przyprawy oraz odrobinę wody. Do głębokiego talerza wlewałam wrzącą wodę i wkładałam do niej na 10 sekund papier ryżowy. Potem rozkładałam go na czystym talerzu, nakładałam na niego farsz i sos tamari, zawijałam. Gotowe krokiety polałam balsamico. Podawałam z czerwonym barszczem.

400 kcal

SMAŻONY KARP

SKŁADNIKI (NA 4 PORCJE):

- **4 filety z karpia**
- **sok z ½ cytryny**
- **sól i pieprz**
- **1–2 jajka**
- **szklanka wiórków kokosowych**
- **szczypta kolendry**
- **szczypta słodkiej papryki**
- **masło klarowane (do smażenia)**

PRZYGOTOWANIE:

Filety mocno skropiłam sokiem z cytryny, posypałam przyprawami i odstawiłam na godzinę. Potem obtaczałam je w jajku i wiórkach kokosowych i znowu w jajku i wiórkach. Smażyłam krótko na rozgrzanym maśle klarowanym (można na oleju kokosowym).

150 kcal

WIGILIJNA ZUPA GRZYBOWA Z DYNIĄ NA MLECZKU KOKOSOWYM

SKŁADNIKI (NA 2 PORCJE):

- 40 g suszonych grzybów (borowików szlachetnych lub podgrzybków brunatnych)
- 1 mały seler
- 2 marchewki
- 1 mały por
- 1 listek laurowy
- 2 ziarenka ziela angielskiego
- 8 ziarenek pieprzu
- szczypta soli morskiej
- mleczko kokosowe
- dynia

PRZYGOTOWANIE:

Grzyby zalałam wodą i moczyłam przez 2 godziny. Kiedy zmiękły, gotowałam je w tej samej wodzie, w której się moczyły, na małym palniku i pod przykryciem, przez około 20 minut. Potem dodałam opłukane i obrane warzywa, ziarenka pieprzu i ziela oraz liść laurowy. Gotowałam pół godziny. Zupę odcedziłam i do wywaru dodałam mleczko kokosowe (ilość zależna od intensywności smaku jaki chcesz uzyskać). Dokładnie połączyłam mleczko z wywarem. Wszystko doprawiłam solą (do smaku). Podawałam z gotowaną lub pieczoną dynią – trochę słońca w grzybowej. ☺

190 kcal

DYNIOWY MUS Z KORZENNYMI PRZYPRAWAMI

SKŁADNIKI (DLA 2 OSÓB):

- 300 g surowej dyni
- 2 banany
- kawałek imbiru (ok. 5 g)
- 2 laski wanilii
- 1 łyżka babki płesznik (lub nasion chia)
- odrobina soku z cytryny
- 1 łyżka masła klarowanego ghee
- cynamon
- kurkuma

PRZYGOTOWANIE:

Dynię ugotowałam w wodzie, następnie odcedziłam i dodałam do niej banany. Wszystko chwilę dusiłam na maśle klarowanym, dodając kurkumę, cynamon, odrobinę soku z cytryny i szczyptę wanilii. Całość zmiksowałam, a na koniec dodałam łyżkę babki płesznik (może być także błonnik witalny). Mus przełożyłam do słoika.

Babka płesznik przyda się podczas świątecznego obżarstwa, ponieważ działa jak enzym trawienny i reguluje pracę jelit. Stosowana jest także w przypadku choroby wrzodowej, zespołu jelita drażliwego oraz podrażnień przewodu pokarmowego.

120 kcal 1 SZTUKA

PIEROGI Z MĄKI KASZTANOWEJ Z NADZIENIEM JABŁKOWYM

(bez glutenu)

SKŁADNIKI (NA 18 SZTUK):

- 2 szklanki mąki kasztanowej (ok. 350 g)
- 1 łyżka oleju kokosowego
- 1 jajko od szczęśliwej kury
- ½ szklanki gorącej wody
- szczypta soli morskiej
- 1 łyżka kakao 80%
- ½ łyżeczki sody oczyszczonej
- 6–8 daktyli (namoczonych w wodzie)
- 1 jabłko (ugotowane)
- kardamon
- cynamon
- gałka muszkatołowa

PRZYGOTOWANIE:

NADZIENIE:

Daktyle zalałam gorącą wodą, a kiedy się moczyły, gotowałam jabłko bez skórki (można w wodzie lub na parze). Namoczone daktyle posiekałam, dodałam podgotowane jabłko, przełożyłam do rondelka i dusiłam. Potem dodałam po szczypcie przypraw i wszystko zmiksowałam.

Opcjonalnie można dosypać pokruszone orzechy (włoskie lub laskowe).

Niestety, jestem uczulona na większość orzechów, ale myślę, że będą się świetnie komponować z całością.

CIASTO:

Do miski wsypałam mąkę, dodałam jajko, wodę, olej kokosowy, sodę oraz kakao i wyrabiałam ciasto rękami (nie używamy tym razem miksera). Ugniatałam tak długo, aż ciasto nabrało jednolitej, zbitej konsystencji. Dodałam po szczypcie cynamonu, kardamonu, gałki muszkatołowej i (opcjonalnie) goździków. Ciasto uformowałam w kulkę i włożyłam do lodówki na 1 godzinę.

Stolnicę posypałam mąką i rozwałkowałam na niej ciasto. Wycięłam szklanką koła i do środka każdego wkładałam łyżeczkę przygotowanego nadzienia. Zaklejałam brzegi, za każdym razem maczając palce w wodzie.

W garnku przygotowałam wrzącą, posoloną wodę. Wrzucałam pierogi i czekałam aż wypłyną na wierzch (ok. 7–10 minut). Starałam się nie wrzucać zbyt dużej liczby pierogów naraz, aby uniknąć ich sklejenia się. Warto zrobić próbę gotowania na jednej sztuce. Pierwszy pieróg niestety mi nie wyszedł, ciasto było surowe w środku.

Podawałam ze śmietanką ryżową (można z chutneyem z cebuli; przepis na str. 367, lub z inną śmietanką z mleka roślinnego), posypałam pestkami granatu.

CO TO JEST CHUTNEY?

To gęsty indyjski sos podawany jako dodatek do różnych dań. Przygotowywany jest zarówno z warzyw, jak i owoców. Nie ma jednego uniwersalnego przepisu na chutney. W każdym regionie Indii przygotowuje się go na inny sposób, wykorzystując sezonowe składniki.

Ja serwuję chutney z czerwonej cebuli na słodko.

CHUTNEY Z CZERWONEJ CEBULI

150 kcal

SKŁADNIKI (DLA 4 OSÓB):

- ½ kg czerwonej cebuli
- 2 łyżki masła ghee (lub oleju kokosowego, lub oliwy)
- garść żurawiny (zalanej wcześniej wrzątkiem i moczonej ok. 30 minut)
- szczypta czarnego pieprzu
- szczypta słodkiej papryczki
- 3 łyżki octu jabłkowego
- 1 łyżka miodu lub syropu klonowego
- odrobina soli morskiej
- szczypta cynamonu
- szczypta gałki muszkatołowej

PRZYGOTOWANIE:
Obrałam cebule (najlepiej robić to w misce wody lub pod jej strumieniem z kranu – wtedy unika się płaczu, chyba że ktoś lubi obierać np. w goglach ☺), pokroiłam je w piórka i poddusiłam na głębokiej patelni w tłuszczu, dodając przyprawy. Następnie dodałam słód i mieszając pilnowałam, aby cebula nie przypaliła się na syropie lub miodzie (zmieni to jej smak na goryczkowaty). Na koniec dodałam namoczoną wcześniej żurawinę i wszystko jeszcze chwilę dusiłam. Przełożyłam do słoiczków.

RADA: Chutney można wykorzystać do chleba lub np. do pierogów świątecznych.

130 kcal

ŚLEDŹ W OLEJU RYDZOWYM

SKŁADNIKI (NA 4 PORCJE):

- **200 g śledzi**
- **koper włoski**
- **2 szalotki**
- **1 łyżeczka cynamonu**
- **½ łyżeczki imbiru**
- **½ łyżeczki gałki muszkatołowej**
- **½ łyżeczki goździków**
- **olej rydzowy**
- **garść szczypiorku**
- **sok z cytryny**

PRZYGOTOWANIE:

Śledzie wymoczyłam w wodzie, by straciły sól. Następnie pokroiłam i przełożyłam do marynaty z oleju rydzowego i korzennych przypraw. Wstawiłam do lodówki. Koper włoski pokroiłam na bardzo cienkie paseczki i włożyłam do wody z lodem, by zrobił się chrupiący. Szalotkę pokroiłam w cieniutkie plasterki. Na półmisku ułożyłam śledzie, na nich koper włoski i szalotkę.

240
kcal

CIASTO POMARAŃCZOWE

SKŁADNIKI (NA 6 PORCJI):

- 3 pomarańcze
- 3 jajka
- 250 g zmielonych migdałów
- skórka pomarańczy (lub 3 łyżki kandyzowanej pomarańczy bioorganic)
- 1 łyżeczka wanilii
- 1 łyżeczka cynamonu
- szczypta goździków
- szczypta soli
- 5 łyżek ksylitolu
- 1 łyżeczka proszku bio do pieczenia

PRZYGOTOWANIE:

Zmieliłam obrane migdały, ubiłam 2 łyżeczki ksylitolu z żółtkami jaj, a 3 łyżeczki z białkiem. Dodałam ubite żółtka do migdałów, potem ostrożnie dodałam białka. Pomarańcze dokładnie obrałam, nie zostawiając gorzkiej, białej skórki, i zmiksowałam. Wszystkie składniki wymieszałam. Piekłam około 50 minut w 180°C. Pozostawiłam w piekarniku do wystygnięcia.

48 kcal

BARSZCZ WIGILIJNY

SKŁADNIKI (NA 12 PORCJI)

WYWAR Z BURAKÓW:

- **ok. 2 l wrzątku**
- **1 kg buraków (utartych na tarce o dużych oczkach)**
- **1 łyżeczka soli**
- **szczypta kurkumy**
- **szczypta tymianku**
- **1 łyżeczka kminku**
- **Wszytko gotowałam ok. 10 minut, odstawiłaam na 1½ godziny.**

WYWAR JARZYNOWY:

- **2 l wrzątku**
- **2 marchewki**
- **1 pietruszka**
- **¼ selera**
- **2 cebule**
- **4 ząbki czosnku**
- **6 suszonych śliwek**
- **2 suszone gruszki**
- **odrobina imbiru**
- **3–4 ziarna ziela angielskiego**
- **sól morska (do smaku)**
- **szczypta pieprzu**
- **1 łyżka soku z cytryny**
- **tymianek**
- **majeranek**
- **liść laurowy**

PRZYGOTOWANIE:

Wszystko ugotowałam do miękkości. Potem do dużego garnka przecedziłam wywar z buraków i wywar jarzynowy. Dodałam szczyptę pieprzu i sok z cytryny (można doprawić miodem, winem czerwonym). Barszcz podawałam z uszkami (można czysty).

RADA: Jeśli ktoś preferuje mocniejszy smak barszczu może dodać koncentrat z buraków lub zakwas.

110 kcal

ZDROWE PIERNICZKI

(bez glutenu)

SKŁADNIKI (NA 12 SZTUK):

- ½ szklanki mąki ryżowej
- 1 szklanka mąki gryczanej
- ½ szklanki mąki jaglanej
- ½ szklanki cukru kokosowego (lub ksylitolu, lub miodu)
- 5–6 łyżek masła klarowanego
- 2 jajka
- 3 łyżki cynamonu
- 1 łyżka kardamonu
- 1 łyżka imbiru
- 1 łyżeczka zmielonych goździków zielonych
- szczypta soli morskiej
- szczypta gałki muszkatołowej
- szczypta sody

PRZYGOTOWANIE:

Utarłam masło z jajkami. Osobno wymieszałam suche składniki. Piekarnik rozgrzałam do 170°C. Wszystkie składniki połączyłam i wyrobiłam ciasto. Zawinęłam je w folię i włożyłam na kilka minut do lodówki. Potem cienko rozwałkowałam i wycięłam pierniczki. Wyłożyłam blachę papierem do pieczenia. Piekłam 15–20 minut (trzeba pilnować, bo nie mogą być w piekarniku za długo).

340 kcal

PIECZONA KACZKA

SKŁADNIKI (NA 2 PORCJE):

- 2 piersi kaczki
- 1 łyżeczka soli morskiej
- 1 łyżeczka pieprzu
- 1 łyżeczka tymianku
- odrobina soku z cytryny
- 1 łyżeczka czosnku niedźwiedziego
- 1 łyżeczka oregano
- 1 łyżka sosu sojowego
- 1 ząbek czosnku

PRZYGOTOWANIE:

Piersi delikatnie wycięłam przy samych kościach, pozostawiając skórę od góry, osuszyłam papierowym ręcznikiem. W miseczce wymieszałam sól morską, pieprz, tymianek, odrobinę soku z cytryny, czosnek niedźwiedzi, oregano, sos sojowy, zmiażdżony czosnek. Do marynaty włożyłam kaczkę i pozostawiłam na 1½ godziny. Następnie rozgrzałam bardzo mocno suchą patelnię, położyłam na niej mięso (najpierw stroną ze skórą), smażyłam 8 minut, po czym odwróciłam na drugą stronę. Usmażoną kaczkę włożyłam do naczynia żaroodpornego z przykrywą, wlewając z patelni to, co wypłynęło z kaczki. Piekłam 8–10 minut w piekarniku w 180°C. Wyjęłam, sprawdziłam, czy kaczka nie jest gumowata i pokroiłam w plastry.

SOS:

Wymieszałam ½ kg ugotowanej żurawiny (owoce zmiksowane) z łyżką ksylitolu i łyżką octu balsamico. Doprawiłam do smaku.

PRZEPISY

JAJKA

ZUPY

WARZYWA NA CIEPŁO

KASZE

RYBY I OWOCE MORZA

MIĘSA

SAŁATKI

DESERY I OWOCE

KOKTAJLE

CIEPŁE NAPOJE

LUNCHBOX

WIELKANOC

BOŻE NARODZENIE

Burda Publishing Polska Sp. z o.o.
02-674 Warszawa, ul. Marynarska 15

Dział handlowy:
tel. (48) 22 360 38 38
fax (48) 22 360 38 49
Sprzedaż wysyłkowa:
Dział Obsługi Klienta, tel. (48) 22 360 37 77

Redakcja: Zofia Rokita
Korekty: Bożenna i Janusz Sigismundowie/Melanż
Projekt graficzny, skład i łamanie: Maciej Szymanowicz
Zdjęcia na I stronie okładki: Marta Wojtal
Współpraca: Aleksandra Dec, Monika Rebizant, Piotr Stachurski, Adrian Głowala, Cezary Powała, Sebastian Stellwag, Anna Ławrynowicz
Konsultacja dietetyczna: Izabela Czajka
Redaktor prowadząca: Agnieszka Radzikowska
Redaktor techniczny: Mariusz Teler
Zdjęcia: Marta Wojtal, Shutterstock, str. 371 – Przemek Chudkiewicz

Druk: Perfekt, Warszawa

ISBN : 978-83-8053-094-2

www.burdaksiazki.pl

„NEVE
GIV